HOMETECHOU

たった1行

書くだけで毎日がうまくいく！

ほめ手帳

自己尊重プラクティス協会
代表理事
手塚千砂子

青春出版社

「ほめ手帳」とは？――自分を変える一番簡単な方法

仕事や勉強、家事、子育てなど、忙しい毎日を送っている人は、手帳でスケジュール管理をしていることが多いのではないでしょうか。

でも、手帳にはスケジュールだけを書くなんてもったいない！　なぜなら、ちょっとした工夫次第で、自分を変える強力なツールとなるからです。

それが、この本で紹介する**「ほめ手帳」**です。

やり方はとっても簡単。**手帳に自分自身へのほめ言葉を書くだけ**。

「たったそれだけ？」と思われるかもしれませんが、その効果は絶大！　早い人は数日で変化を感じます。

誰しも「こんな自分になりたい」「こんな目標を達成したい」という願いがあるでしょう。なかには実現させるのがなかなか難しいこともあります。それが、「ほめ手帳」を書き続けているうちに、「いつのまにか、なりたい自分になっていた！」という人がとても多いのです。

たとえば、

「会議での発表が苦手だったのに、堂々と発言できるようになりました！」

「手早く家事をこなせるようになって、自分の時間が増えました！」

「子どもを怒る回数が確実に減りました！」

など、私のもとへは全国の「ほめ友」からうれしい報告が毎日のように届いています。

ただ自分をほめればいいのかというと、そうでもなく、「ほめ手帳」を実践するには、いくつかコツがあります。

そのひとつが「手書き」。スマートフォンやパソコンでスケジュールを管理し、手帳を持たないという人も増えていますが、「ほめ手帳」では「手で書く」ということを重視しています。

ほかにも、使う言葉や「ほめポイント」の見つけ方など、効果を高めるために知っておいていただきたいポイントがあります。この本ではそんなコツをわかりやすくまとめ、実践した方の体験も載せました。

「ほめ手帳」は、**手帳とペンがあれば**、**今日からはじめられます**。

10万人が効果を実感したこの方法を、次はぜひあなたが体験してみてください！

「ほめ手帳」の書き方(例)

1 January

1	12:00 ～ ランチミーティング 「なるようになる」と思えるようになってきた。前向き～。	内面をほめる
2	AM　プレゼン資料作成 19:00　食事会 今朝も満員電車に乗って出勤。えらいっ！	行動や仕事をほめる
3	16:00　A社にて打ち合わせ(直帰) 今日はおやつを食べなかった。スッキリボディだね。	やらなかったことをほめる
4	PM　伝票作成 18:30 ～ 20:30　英会話レッスン 英会話、1年前に比べてすごい進歩。VERY GOOD!	プラスの変化をほめる
5	10:00 ～ 12:00　会議 仕事帰りのウォーキング、よく続いてる。上出来♪	努力していることをほめる
6	14:00　待ち合わせ(映画) 映画を観て感動できる私、心が豊かだね。	感性をほめる
7	15:00　買い物 1週間がんばった私の体、すばらしい～！	体の働きをほめる

目次

第1章 がんばるよりも効く！ 書くだけでうまくいく「ほめ手帳」の秘密

第2章

ほめ下手でも大丈夫！「自分をほめる」ちょっとしたコツ

第3章

手帳とペンがあればOK！今日から「ほめ手帳」をつけてみよう

第4章

言葉からはじめる「引き寄せの法則」
「ほめ習慣」で幸運体質に変わり出す！

第1章

がんばるよりも効く!

書くだけでうまくいく「ほめ手帳」の秘密

「自分をほめる」だけで人生が変わる！

あなたは、自分で自分のことをほめたことがありますか？

「自分のことをほめるなんて恥ずかしい」

「友だちや子どものことをほめたことはあっても、自分をほめたことはない」

なかには、

「ほめられたことがないから、ほめ方がわからない」

「自分にはほめるところなんてない」

などという人もいるかもしれませんね。

普段、人をほめることはあっても、自分を意識的にほめている人はなかなかいません。

でも、**「自分で自分をほめる」習慣がつくと、驚くほど自分が変わります。**

たとえば、あなたが今不満だらけの毎日を送っていたとして、自分をほめる習慣がついた前後では、どう変わると思いますか。

たとえ同じ環境、同じ収入、同じ家族、同じ仕事仲間に囲まれていたとしても、幸福度が変わってくるのです。

それは、自分をほめることによって、自己評価が変わり、継続していくことでさらに自信が芽生え、自己尊重感につながっていくからです。

これは、思い込みなどではありません。あとで述べますが、ほめ言葉が脳内の働きをよりよくすることは、脳科学でも実証されているのです。

自分をほめることは、自分の命を肯定すること。

生命は、それをほめたたえ、肯定されるといきいきと輝き出し、眠っていた能力があふれてきます。

「自分を変えたい」「もっと自信をつけたい」などと悩んでいる人はたくさんいます。私もさまざまなことを勉強し、経験し、実践・検証してきましたが、最もシンプルで即効性があり、誰でもできるたった1つの方法が「自分をほめる」ことだとわかったのです。

それから「ほめ日記」という方法で、自分をほめることを独自の自己啓発プログラムの1つとして提案し、もう20年以上になります。

「ほめ日記」は自分で自分をほめる日記ですが、この本は、忙しくて時間がなかなかとれない人や仕事をしている人もすぐにはじめることができるよう、「ほめ手帳」を紹介します。

手帳は毎日見るものですし、時間管理、自己管理のためのツールですから、毎日を変えたい人には最適です。

次からはさっそく「ほめ手帳」の効果についてお話ししていきましょう。

最新脳科学で実証された「ほめパワー」

「本当に自分をほめるだけで、いい変化があるの？」

こんなふうに、なかなか信じられない人もいるかもしれません。

「まずははじめてみてください。やってみればわかります」といいたいところですが、その前に、なぜ自分をほめる習慣がつくと自分が、そして人生が変わっていくのかを説明しましょう。


脳と「ほめること」には密接な関係があって、**ほめることによって、脳が喜ぶことが脳科学によって実証されています**。

具体的には、ほめることで脳が心地よい、うれしいとキャッチすると、脳内の快感ホルモンであるセロトニンやドーパミンの分泌がよくなることがわかっています。

脳の変化については第2章で詳しくお話ししますが、脳が変われば、おのずと頭のなかで自分への評価が変わってきます。

つまり、自分を認め、自己肯定感がアップしていくのです。それだけではなく、ほめ言葉を意識的に書くことを続けていくと、自己肯定の記憶が定着してきます。

そうなればしめたもの。もういい循環しか起こりません！

いつも心が安定しているので、眠っていた潜在能力があらわれ、ひらめきや直感力がすぐれてきます。そしてさらにほめ言葉が増え、自信がついてくると自己尊重の意識が強化、定着していきます。

たとえば、何か嫌なことがあるとすぐに落ち込んでしまうような人が、落ち込むことなく前向きになって、それが定着していきます。マイナスの感情が出にくくなるので、自己実現もしやすく、夢も叶いやすくなっていきます。

今までマイナスの循環、否定だらけの人生だった人が、自己ベストの循環に入っていくのです。

これで人生が変わらないわけがありません！

「ほめる」ことで
いいことがどんどん起こり出す！

ほめ言葉の繰り返し

↓

セロトニン、ドーパミンが出る
（快感ホルモンの分泌）

↓

心の安定、幸福感

↓

自己承認、肯定の記憶の強化

↓

さらにほめ言葉が増える

↓

自信、自己尊重の意識の定着
（生きる力のみなもと）

↓

幸福実現、自己実現

自己のベスト循環が起こる

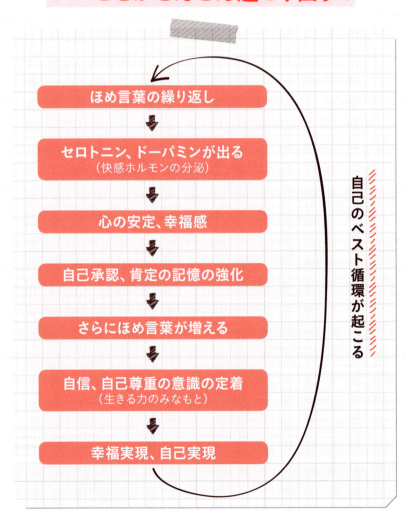

ほめるだけでいいなら、何も手帳に書かなくてもいいのでは？　と思うかもしれませんね。あとで述べますが、「ほめ手帳」は「書く」ことに意義があります。

ただ、忙しくて、毎日日記を書くほどの時間がない人もいるでしょう。そこで、思いついたときに気軽に書き込めるのが「ほめ手帳」です。

「ほめ手帳」としたのは、ただほめればいいのではなくて、それを習慣にしてほしいからです。手帳なら、仕事をしている人でも毎日必ず開くものですから。

手帳にひと言でもほめ言葉を書くことで人生が変わるとしたら、やらない手はないと思いませんか。

いいことたくさん！「ほめ手帳」の五大効果

自分をほめる「ほめ手帳」をつけると、人生が変わるということは、なんとなくおわかりいただけましたか？

では、具体的にどんないいことがあるのか、その代表的な効果を５つに分けてお話ししていきましょう。

「ほめ手帳」の五大効果

ほめ言葉の習慣化
（「ほめ手帳」「ほめ日記」）

↓

脳が喜ぶ（大脳の報酬系を刺激）

↓

セロトニン神経の活性化
（セロトニンの分泌がよくなる）

↓

前頭前野の活性化

① なりたい自分になれる
- 自己承認、自己尊重感がアップ
- 目標の達成
- 自信がつく、自分軸が強くなる

⟷

② ストレスが軽減する
- 集中力、やる気がアップ

⟷

③ コミュニケーション能力がアップする
- 表現力、営業力がアップ
- 家族、職場の人間関係が良好になる

⟷

④ 時間の管理能力がアップする
- 時間が増える
- 心にゆとりができる

⟷

⑤ 直感力がアップする
- アイデアが湧く、発想力がアップ
- 商品開発力がアップ
- 企画力がアップ

五大効果はお互いに関連し合っている

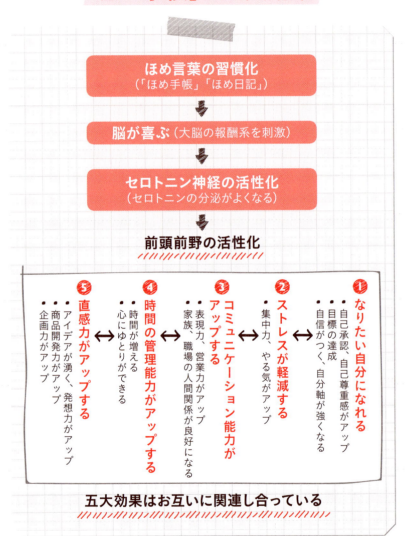

☆なりたい自分になれる

なりたい自分になれる――もしこれが本当だとしたら、すばらしいと思いませんか。

そんな都合のいいことがあるの？　と思われるかもしれませんが、本当です。

逆に、なぜ、なりたい自分になかなかなれないのでしょうか。

それは人生の主体である自分自身が、自分を肯定していないからです。計算する際、マイナスに何をかけてもマイナスになるように、どんなに「こうなりたい」といいイメージを持とうとしても、人生の主人公である自分が自己否定感やマイナスの感情を強く持っていては何も変わりません。

主体をプラスのエネルギーで充満させることができれば、なりたい自分になれるのです。

「そんなにすぐに変わるはずがない」という声が聞こえてきそうですね。ところが、「ほめ手帳」をつけるだけで本当に変われるのです。

「ほめ手帳」をつけることは、人生の主人公である自分にほめ言葉をかけ続けること。すると、脳に自分に対するプラス思考の回路ができていきます。

自分自身がプラスのイメージで満たされれば、自己尊重感がアップするので、自信がつき、自分軸が強くなります。必然的に、自己実現までの距離が短くなるというわけです。

もちろんそれで終わりではありません。さらに手帳をつけ続けることで、ワンランク、ツーランク上の自分にバージョンアップしていくのです。

ストレスが軽減する

早い人では「ほめ手帳」をつけたその日から、気持ちが安定してきます。

「気の合わない上司にイライラしている」

「いつも子どもを怒ってばかりいる」

など、人によってストレスはさまざまですが、「ほめ手帳」をつけはじめて3日目からイライラせず怒らない自分に気づいた、などという話は山ほどあります。

ストレスをそのまま受け止めて、怒りやイライラを募《つの》らせていくと、ストレスホルモンが分泌されます。するとますますストレスに弱くなり、攻撃的になったり、逆にストレスに負けて落ち込んだりしてしまうのは、容易に想像できますね。

もちろん「ほめ手帳」をつけたからといって、ストレスの元が魔法のように消えてしまうわけではありません。**ストレスの元が相変わらずそこにあっても、ストレスをストレスと感じにくい自分になるのです。**

先ほど、「ほめ手帳」が習慣になり、書くことがどんどん楽しくなっていくと、脳内の快感ホルモンであるセロトニンの分泌がよくなるといいました。このセロトニンは、私たちの感情のコントロール力や集中力や、やる気などを司《つかさど》る脳の前頭前野《ぜんとうぜんや》を刺激します。

自分をほめることによって、自己尊重感がアップすれば、集中力、やる気がアップするので、ストレスの原因があっても、パッと頭を切り替えることができるようになります。

ですから、何か嫌なことがあっても、「今日もがんばろう」「そんなこともあるさ！」と思えるようになるのです。この「切り替える力」も集中力とかかわっています。

たとえば上司に何か嫌なことをいわれたとして、普通の人は考えないようにしようと思っていても、仕事をしながらその嫌なことをつい考えてしまいます。すると仕事のスピードも落ち、ミスをしてしまうかもしれません。

ところが「ほめ手帳」をつけている人は、すぐ気持ちを切り替えて仕事に集中できます。関係ないことを考えたり、ぼーっとしたりする時間が減るので、効率がよくなり、結果、まわりからの評価もアップするというおまけまでついてきます。

☆コミュニケーション能力がアップする

人は「うまく話さなくちゃ」「緊張してはいけない」と思えば思うほど、緊張してしまうものです。話下手の人は、なんとかそれを克服しようと努力していると思いますが、そんな人にも「ほめ手帳」がおすすめです。面白いことに、自分をほめていると、ごく自然にリラックスした状態で言葉が出てくるようになるのです。

実例をいくつか紹介しましょう。

Aさんは毎週水曜日の会議が憂うつでした。なぜなら、人前で自分の意見を発表するのが苦手だったからです。ところが「ほめ手帳」で自分をほめているうちに、堂々と会議で発言している自分に気がつきました。

「あれ？　ドキドキしないで発言できている」

そんな自分に気がつくとうれしくなって、今では毎週水曜日が楽しみになっているそうです。

Bさんは、打ち合わせや会議で、先輩を差し置いて意見をいうのを躊躇《ちゅうちょ》していました。いいたいことはあるけれど、いったら生意気だと思われるから、黙っているほうが無難だと思っていたのです。

ところが「ほめ手帳」をつけているうちに、知らず知らずに自分に自信がついていたのでしょう。さらっと、自分が思うことやアイデアを発言することができたのです。すると、周囲の評価は上々。

「今までためらっていたのは何だったんだろう」

そう不思議に思えたそうです。そんなことが続くうちにBさんの評価は上がり、企画開発の部署に引き抜かれたそうです。

「ほめ手帳」をつける習慣がついてから、コミュニケーション能力がアップし、営業力や自分を表現する力がついたり、家族や人間関係が良好になったという話はよく聞きます。

接客業なのに人と会うのが怖かった人が知らないうちに緊張がとれていた、いつもケンカばかりしていた夫に自然にやさしい言葉をかけていた、という状況がたくさん起こっています。どうしてこんな変化が起こるのでしょうか。

自分をほめ、その記憶が定着してくると、それによって脳が変わり、使う言葉が変わってきます。マイナスの言葉が出にくくなるのです。心にゆとりができるので、人との会話も落ち着いてでき、自己表現の力もついてくるのです。

☆時間の管理能力がアップする

もしかすると「ほめ手帳」の効果のなかで、これが一番意外に思われる効果かもしれません。そう、「時間が増える」のです。

私たちは一日24時間という決まった時間のなかで過ごしています。

「もうちょっと時間があったら……」

「もっと効率よく時間をやりくりできないものだろうか」

と思う人は多いでしょう。

忙しい毎日を過ごしている人にとって、時間の管理はとても重要です。

「ほめ手帳」をつけていることで、今まで忙しくて時間がないと不平不満をいっていた人が、体がテキパキ動いて、気がついたら時間に余裕ができていた、時間に追われている感覚がなくなった、という経験をするようになります。

たとえば育児に忙しくて家事に手が回らないと悩んでいた人が、段取りよく家事をこなせてしまう、今までダラダラと遅くまで残業していた人が、手際よく仕事をこなして効率がアップした、ということが起こるのです。

こうして時間が増えていく！

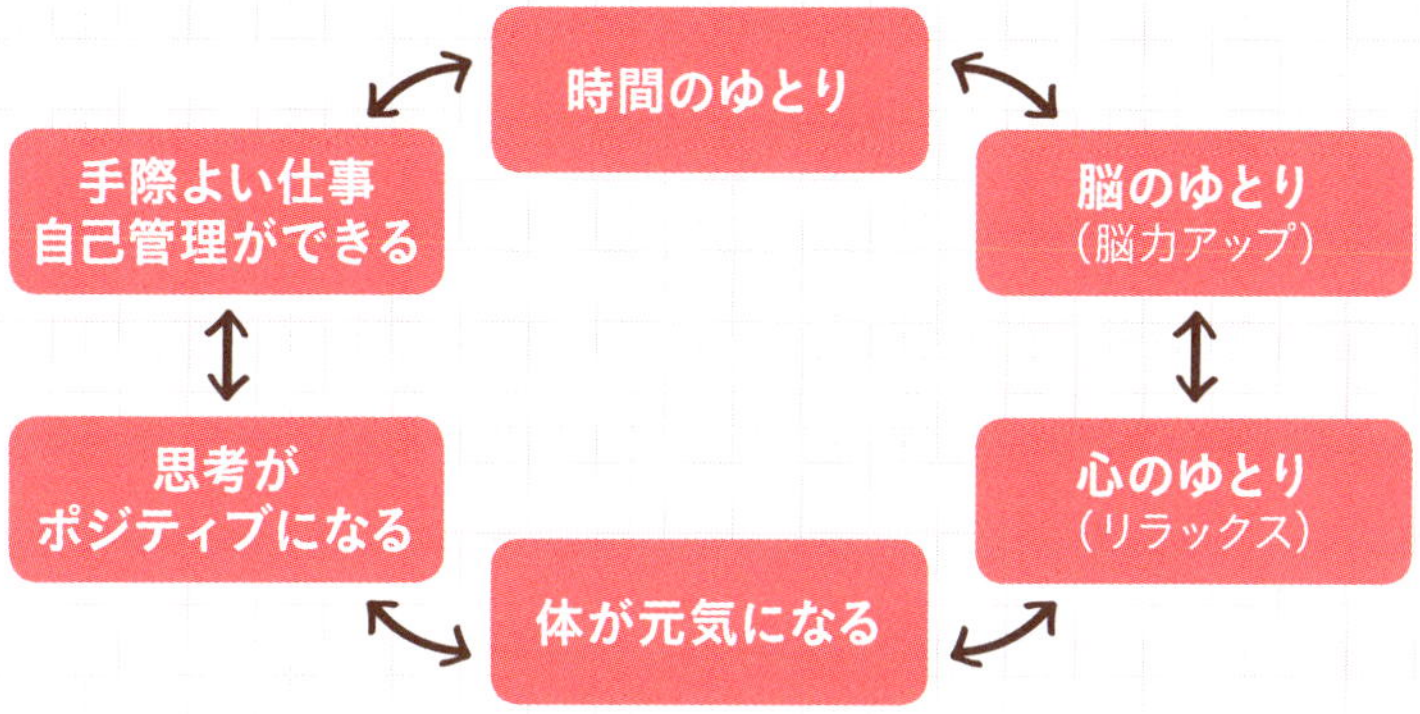

このサイクルが身につくと、仕事、人生、人間関係など、すべてが好転していく

それは1つには、自分をほめることによって心が安定して気持ちに余裕ができるということもあるでしょう。そしてもう1つは、自分でも気がつかないうちに脳が活性化しているので、集中力ややる気がアップし、頭のなかがすっきり整理されて、手早く動けるようになるということが大きいと思います。要するに、**ムダな時間が減るのです。**

時間が増えると心にゆとりができます。すると体も元気になるので、ポジティブな思考ができるようになります。必然的に、自己管理ができて手際のよい仕事ができます。そしてさらに時間が増えて……といったような好循環が生まれます。

また、なんでも効率的に仕事や家事をこなすというだけでなく、**メリハリをつけるのがうまくなる**のも特徴です。

がんばりすぎず、ちょっと疲れたなと思ったときは、休むことができるようになります。たとえば集中して仕事をしていて疲れを感じたときは、「15分だけ休もう」と思い、自分の体を休ませることを選択できます。

自分で自分のことを大切に思うからこそ、休むという判断をしていますから、「あー、また寝てしまった……」というマイナスの感情を持ちながら休むのとは、脳のリラックスの度合いが違います。すると仕事を再開したときの能率もアップします。

こうして時間に余裕ができれば、家族や友人との時間、趣味の時間、資格取得などの勉強の時間などが持てるようになります。

いったんこのサイクルを身につけると、人生が好転しはじめ、仕事とプライベート、どちらも充実して、人生そのものにゆとりができ、豊かになっていきます

特に手帳は時間管理に直接結びつきやすいツールなので、効果を実感しやすいでしょう。手帳を開き、スケジュールを見るたびにそこにいつも自分へのほめ言葉が書いてある状態、

その効果は計り知れません。

☆直感力がアップする

「ほめ手帳」で脳内が安定することで、脳内がスッキリ整理されると、ひらめきが生まれやすくなります。

忙しい毎日を送っていると、時間的にも精神的にも余裕がなくなります。そのため、多くの人が、「自分に意識を向ける」ということをしなくなっていますし、そのような概念もなくなっています。自分に意識を向けるときがあるとすれば、たいてい自分のマイナス面にフォーカスしているときが多いのではないでしょうか。

日本人はまじめで勤勉なので、「反省が大事」「反省が成長の元」と考えている人が多いようです。もちろん反省することはとても大切なのですが、反省＝自分を否定することになっていませんか。「こんな失敗をしてしまった。なんであのとき、もっと適切な動きができなかったんだろう。私は頭が回らない人間なんだ」といったように。

自分を否定しているときや、イライラしたり、不安や心配でいっぱいになっているときに、いいアイデアや発想が浮かんでこないのは容易に想像できるでしょう。

「ほめ手帳」は、自分を複眼で見る、つまり自分で自分を客観的に見る習慣をつけることでもあります。もしイライラしたり怒ったりすることがあっても、

「今、私はイライラしているな。そうだ、さっき上司に嫌なことをいわれたからイライラしているんだ」

といったように、理由がわかってくるので、自分の気持ちを冷静に受け止めやすくなり、今まで知らなかった自分を知ることにもつながります。

「ほめ手帳」で〝今〟の自分に意識を向け、知らなかった自分を知り、自分のありのままを肯定的に見る習慣がついてくると、ひらめきなど自分のなかから出てくる情報をキャッチしやすくなります。ここが重要なポイントです。自分に意識を向ける習慣がついていなければ、すばらしいひらめきや直感があっても、キャッチできなくなってしまいます。

ひらめきや直感は、脳がリラックスしているときに生まれやすいのです。

実際、偉大な発見をした科学者たちのなかにも、リラックスをしているときにひらめいたという例がたくさんあります。また、朝起きてボーっとしているときにアイデアが浮かんだ、という話もよく聞きます。

瞑想をするとひらめきや直感を受け取りやすいといいます。これも同じ理屈です。

「ほめ日記」や「ほめ手帳」を集中して書くとき、セロトニンやβ《ベータ》‐エンドルフィンという脳内ホルモンが分泌されます。β‐エンドルフィンは、瞑想時に分泌されるといわれています。瞑想をして雑念が取り払われ、「気持ちがいい〜」という感覚が得られると、β‐エンドルフィンの分泌がよくなり、脳のなかが整理され、ひらめくのです。

瞑想の習慣を持つのももちろんすばらしいことですが、瞑想をして雑念を取り払い、気持ちがいいという感覚を得るにはある程度の練習や経験や〝場〟が必要です。ところが「ほめ手帳」の習慣をつけ、自分をほめることに集中すると、同じことがどんな〝場〟であっても簡単にできてしまうというわけです。

実際、「ほめ手帳」をつけはじめてから、企画力がアップした、商品開発部に大抜擢された、などという話もよく聞きます。

五大効果は互いに関連しあっている

「ほめ手帳」の５つの効果はそれぞれが独立しているわけではなく、深く関連し合っています。

たとえば、時間の管理能力がアップすれば、時間に余裕ができるから心も体も余裕ができ、ストレスが軽減しますね。

ストレスが軽減すると頭も心もスッキリするので、切り替えが早くなり、やる気や集中力もアップしますから、ますます時間にゆとりができます。

やる気が出れば人とかかわるのが苦手だった人が積極的になったり、さらにコミュニケーションをとるようになってきます。ストレスが減り、時間に余裕ができることで直感力もアップするでしょう。

1つひとつ順番によくなっていくのではなく、すべての要素が同時に少しずつレベルアップしていくのです。レベルアップしていけば、人間関係も楽しく、自信がついて仕事でも評価され、家族も仲よく平和に過ごせるといったように、人生そのものが充実してきます。

相互に関連し合って人間力、自分力が高まっていけば、自分のステージが上がっていき、「なりたい自分」に近づき、やがて実現するときがきます。

そしてそこにはゴールはなく、**新しい自分と出会い続ける**ことができます。ステージは限りなく上昇していくので、死ぬまで新しい自分に出会え、最高の自分に到達するのです。

なんだか年をとるのが楽しくなってきませんか。

そしてそれは、「ほめ手帳」で自分のプラス面を見てほめるだけでいいのです。

「ほめ手帳」で
新しい自分と出会い続ける

最高の自分になれる！

限りなく上昇していく
（新しい自分と出会い続ける）

なりたい自分になれる
（自己尊重感がアップする）

ストレスが軽減する
（脳力がアップする）

↔

コミュニケーション能力がアップする
（人間関係が良好になる）

↔

時間の管理能力がアップする
（自己管理、健康管理能力がアップ）

↔

直感力がアップする
（人生の道しるべを持つ）

自分力、人間力を高めることで、
なりたい自分、そして最高の自分になっていく

Column

10万人が効果を実感！「ほめ日記」から生まれた「ほめ手帳」

私が「ほめ日記」を独自の自己啓発プログラムの一部に入れてから20年と書きました。「ほめ日記」を考案するまでには、いろいろな自己啓発プログラムをつくって提供してきましたが、「ほめ日記」をプログラムの一部に入れてから、「とにかくすごい」と評判になったのです。

何よりも、「結果がすぐ出る」「効果が早い」という声をたくさんいただきました。

さまざまなものを組み合わせてプログラムをつくっていましたから、正直なところ、最初は私のプログラムの構成がよかったのだと思っていたのです。

ところがある女性が、一度にいろいろなプログラムはできない、とおっしゃるのです。話し合いながら、「何ならできますか?」と聞いたところ、「自分をほめることならできます」とおっしゃるので、とりあえずほめることだけ毎日続けてもらいました。

すると私の予想に反して、自分をほめることだけで、複数のプログラムを使ったときと同じようなすばらしい効果が出たのです。

その後も「本当にほめるだけでいいのか」という実証を得る意味も含めて、多くの講座を開いていくうちに、やはりたくさんの人が「ほめる」だけでいい結果を出すことがわかりました。その数年間は無我夢中で、数え切れないほどの検証を積みました。

その実証を受けて、ほめることの大きな力を確信し、「自分をほめるワーク」を公表することにしたのです。

しかし、ほめることは「続ける」ことで効果がどんどん出てくるもの。なんとか続けてほしいと考えてできたのが、「ほめ日記」です。

日記にすれば毎日書く習慣がつきます。そして、「ほめ日記」を書くときには、「今日は何かほめられそうなことがあったかな」という振り返りを必ずおこなうことになります。

一日を振り返ったときに、プラスの目線で自分の行動や、感じたことを探していくようになると、自分への視点が変わり、自分がいい方向に変化していきます。このような効果を実感した方々から口コミで広がった「ほめ日記」は、今では10万人の方が実践し、効果を実感しています。

ただ、「ほめ日記」はある程度落ち着いて書ける時間が必要です。忙しい人にとっては、毎日、一日を振り返る時間を持ちにくいこともあるでしょう。

そこで生まれたのが「ほめ手帳」というわけです。

「ほめ手帳」は、スケジュールを見ながら書けるので、その日にあったことが把握しやすいというメリットがあります。その日の出来事と「ほめること」を結びつけやすいので、〝ほめネタ〟を探しやすい分、時間をかけずに書き込めます。

たとえば、

「いいタイミングでアポが取れた。ツイてるね」

「打ち合わせがスムーズに進んだのは、私の仕切り方がよかったからだ！」

「電話の受け答えがうまくできた。頭の回転が速くなっている」

「段取りよくご飯がつくれた。この頃、テキパキしてるね」

など、ささいなことでいいのです。

最初はひとこと、1行からでも構いません。毎日の小さな発見が、やがて自分を肯定し、自己尊重感を育てることにつながっていくのを実感できるようになるでしょう。

第2章

ほめ下手でも大丈夫！
「自分をほめる」ちょっとしたコツ

「ほめる」ことは簡単そうでいて、難しい

「ほめすぎると、自分を甘やかすことになりませんか」

「気恥ずかしくて、そんなことできません」

「自分で自分をほめるなんて、おこがましい」

「『ほめ手帳』で自分をほめましょう」というと、必ずといっていいほど、このような反応があります。

「自分をほめる」ことに抵抗を感じる人が多いのは、**ほめるとダメな人間になるとか、こんなバカバカしいことはやっていられないと思う**のでしょう。日本人に〝ほめる〟ことをマイナスにとらえる人がまだまだ多いのは、残念なことです。

そもそもほめることができない――特にほめることに慣れていない男性や年輩の方が、最初にぶつかる大きな壁です。

日本語にはたくさんほめ言葉があるのですが、親子でも夫婦でもほめ合う文化が昔からありませんでした。ほめ言葉を使うのは、おだてるときや人にゴマをするとき、人をコン

トロールしたいときだと思い込んでいる人もいるので、ほめることに不快感を覚えてしまうケースもあります。

ほめることに不安を覚えてしまう人は、次のような経験がありませんか。

小さい頃にほめられて喜んでいると「調子に乗るな」とか、「そんなことでいい気になっているんじゃない」などといわれてしまった——そんな人は、ある意味ほめられても喜んではいけない、と洗脳されているようなものです。

たとえばあなたが、「今日の洋服すてきですね」とほめられたとします。すかさず「いえいえ、安物ですから」などといっていませんか？

〝謙遜は美徳〟という文化が根強くあるのはわかりますが、このような**謙遜の仕方は否定とイコール**です。

確かに人格者に謙虚な方は多いですが、私たちは否定と謙虚を取り違えていることが多いのではないでしょうか。ほめてもらった言葉を否定することは、わざわざ否定の言葉で自分を貶《おとし》めているだけでなく、ほめてくれた相手の気持ちをも否定することになってしまうことに気づいていますか。「あなたは見る目がないですね。間違っていますよ」と。

先日もセミナーで、「自分をほめていると後ろめたくなるんです」とおっしゃる人がいました。もしかするとこういう方は、親にほめられたことがなかったり、否定されて育ってきたりしたのかもしれません。

そうなるとなかなか自信もつきにくく、人の言葉が気になったり、人の意見に振り回され、自分軸が持ちにくくなります。

でも、「ほめ手帳」は、何も人に自慢するために書くわけではないし、人に見せるものでもありません。誰にも遠慮することはないのです。

時間がかかる人もいますが、「ほめ」に対するこのようなマイナスイメージを払拭し、自分をほめていいのだとわかると、どんどんラクになっていきます。

「脳トレ」だと思ってほめましょう

自分を責めたり、否定したり、自分に対してマイナスの感情を抱いてきた人が、ほめることに違和感を持ってしまうのは仕方がありません。

いきなり自分にプラスのイメージを持て、とはいいません。

ほめることへのハードルを下げるコツは、たった2つ。

●最初のうちは心からほめなくてＯＫ
●当たり前のことをほめる

これなら、できるのではないでしょうか。

まず、１つめのコツについて。

「ほめ手帳」で重要なのは**「心からほめること」ではなく「ほめ言葉を使うこと」**。ほめることに違和感があろうとなかろうと、「これは脳が喜ぶことなんだ」と割り切ってほめ言葉を書き続ければいいのです。

最初のうちは頭のなかで「こんなことをして本当に自分が変わるのか」と疑いながら書いても構いません。おかしないい方ですが、書いているうちに、あなた自身より先に、脳が反応して喜ぶでしょう。

２つめのコツ、「当たり前のことをほめる」は、**当たり前の日常のなかから、ほめられることを探します**。難しいことではありません。

「ほめる」というとどうしても、人と比べてすごいこと、がんばったこと、努力したことをほめる、という印象が強いものです。でもここではそれはいったん忘れて、ほめるということのハードルをぐんと下げてみましょう。

たとえば、

「朝起きてごはんを食べた、健康でいいね」

「今日も電車に乗って会社に行った、毎日えらいね」

など、当たり前と思えることをほめてみましょう。これも心からほめられなくてもOKです。

毎日仕事に行っているなんて、当たり前じゃないか、と思うかもしれませんが、病気にもならず、クビにもならず、混んだ電車で通っていることはすばらしいことですし、ありがたいことです。無理してプラスに考えなくても、当たり前のことにほめ言葉をつけてみる感覚で十分です。

すると、違う自分の一面が見えてきたり、今まで気づかなかったことを発見できたりします。こんな当たり前のことをほめてバカバカしい、などと思わないで、自分の脳が反応している、脳が喜んでいるということを想像して書きましょう。

そう、**「脳トレ」だと思ってやってみる**のです。

「ほめ手帳」は、最も手軽で簡単で有効な脳トレです。書いているうちに自然に脳が反応してきます。

「自分責め回路」より「ほめ回路」を強くする

心を変えることは難しいものです。しかし、心は脳によって変えることができます。なぜなら、心の働きには、脳内の神経伝達物質の量や、神経回路の働きなどが深くかかわっているからです。

そしてすばらしいことに、**脳は人間の意思で変えることのできる唯一の器官**でもあります。

脳生理学の本を多く書いている高田明和さんの著書に、このようなフレーズがあります。

「私たちがどのように思うかで脳はどんどん配線を変えて私たちがいつも思っているような脳に変わっていく」（『脳を死ぬまで進化させる本』より）

つまり、「ほめ手帳」で自分に対してほめ言葉を使えば、〝ほめられるに値する自分〟の脳に変わるということです。自分の思考で自分の脳が変わるのだということを、知ってください。

先ほど、自分をほめることに抵抗を感じる人が多いと書きました。

そのような人は自分をほめることはもちろん、人のこともほめていないことが多いのではないでしょうか。ほめること自体に慣れていないのです。

ですから、そもそも脳に「ほめる」という思考回路がないわけです。

当然、「ほめよう」と思ってもほめる言葉が出てこないし、ほめることに違和感を覚えてしまうでしょう。

だからこそ、最初のうちは無理をしてでも、本心でなくてもいいからほめるのです。ほめ言葉を毎日書いていくうちに、脳が変わってきます。同じ「ほめる」という思考を繰り返せば繰り返すほど、その思考回路は太くなっていきます。そしていつしか自然なことに思えるようになってくるのです。

私が提案しているのは、ほめ言葉を自分に与えることで、今の自分を尊重する脳の回路をつくることです。つまり、自分のよさに目を向ける習慣をつくることなのです。

これを私は**「ほめ回路」**と呼んでいます。

「ほめ手帳」で「自分ほめ」を続けていくうちに、頭のなかに「ほめ回路」ができてきます。「ほめ手帳」を書けば書くほど、「ほめ回路」は太くなっていくのです。

「どうせ私なんか……」

「私にできるわけがない」

「なんでいつもダメなんだろう」

などといったように、脳のなかで自分を責める言葉を繰り返して、「ほめ回路」ではなく、「自分責め回路」を太くしていませんか？　それは無意識のうちに、自分で自分を追い詰め、自分にストレスを与えていることになります。

言葉の力は非常に大きなものです。

「言霊」とよくいわれますが、言葉が持つパワーを人生に活用しないのは、もったいないことです。私のレッスンで自分に向けるマイナスの言葉をプラスに変えて、自分をほめ続けたことで、人生が変わった人はたくさんいらっしゃいます。

ですから、脳が喜ぶほめ言葉をたくさん使いましょう。今すぐマイナスの言葉は使わないようにして、自分を尊重しほめる、「ほめ回路」をしっかりつくっていきましょう。

人をほめても自分をほめても、脳は喜ぶ

脳は心と体の司令塔です。

繰り返しになりますが、**脳を喜ばせれば、体も心もいい働きをしてくれます。**

「自分をほめる」だけで脳が本当に喜ぶのか、と思われる人もいるかもしれませんが、慣れてくると、喜ぶ感覚がわかってきます。

脳と「ほめ」の関係は、脳科学の世界でも注目されています。

「ほめ回路」についてはすでに説明しましたが、人はどのように思うかで、神経伝達物質であるドーパミンやセロトニンの量が変わり、神経回路も変わってくるといわれています。

人はほめられると、ドーパミンが分泌され、快感を得ます。

さらにほめられてもっと気持ちよくなると、β‐エンドルフィンというホルモンの分泌も促されます。

ドーパミンとβ‐エンドルフィンは、短期的な快楽を生み出しますが、もう1つ、脳が心地よいこと、うれしいことをキャッチすると、幸福感をもたらす快感物質であるセロトニンの分泌がよくなるといわれています。

「ほめ手帳」をつける習慣がつき、楽しくなってくるとセロトニンの分泌は促進されます。ですからほめればほめるほど、幸せな気持ちになっていくのです。

セロトニンが活性化すると、感情のコントロールや集中力、創造力、やる気などを司る前頭前野の血流もよくなります。

また、**脳は主語を判断しない**といわれています。

ちょっと思い出してみてください。人をほめたとき、自分もいい気分になったことはありませんか？

人をほめても脳は喜びます。ただ、「毎日ほめ続ける」という意味では、なんといっても自分で自分をほめるのが一番手っ取り早い方法です。その便利なツールが「ほめ手帳」なのです。

「ほめ手帳」を続けてセロトニンが毎日分泌され続けていると、前向きな思考や、楽しさや喜びを感じる思考が習慣化されていきます。これが、先述した「ほめ回路」につながるのです。

☑「手書き」でつけることに意味がある

今はスケジュールをパソコンやスマートフォンで管理している人も多く、手書きの手帳を持っていない人もいるかもしれません。

でも**「ほめ手帳」は必ず手書きで書いてください**。

手で文字を書くと、前頭前野の血流がよくなることがわかっています。パソコンやＩＴ機器を使うと、逆に血流を悪くしてしまうのです。

東北大学教授の川島隆太さんの著書にも、

「最近の脳研究で分かってきたことは、ＩＴ機器が前頭前野の血流を下げる性質を持っていることです。つまり、前頭前野が休んでいる状態です」（『5分間活脳法』）

とあります。

同じ言葉でも、パソコンで入力するのとペンを持って手を書くのでは、脳への働きかけが違ってしまいます。手書きのほうが脳に伝わりやすいのは、私たち人間の感覚としてなんとなくわかるのではないでしょうか。

「ほめ手帳」は脳が喜ぶことを手書きで書くのですから、最高の方法だといえます。

実際に「ほめ手帳」をつけていた人たちからも、手書きをすることで、心地よさや自分に向かう言葉が違う、パソコンでは同じようには書けない、という声をよく聞きます。

また、実践された方の変化でよくあるのが、**字がきれいになる**こと。

不思議なことに、自己肯定感が低かったときと、自分をほめ続けて「ほめ回路」ができたあとでは、同じ人の字とは思えないほど整った字に変わっていることもあります。

もちろん、ＩＴ機器をまったく使ってはいけないわけではありません。

たとえば日中、ほめることを思いついたら、忘れないうちにスマートフォンにメモしておいてもいいでしょう。自分あてにメールを送っておくのもおすすめです。でもその後、必ずそれを手書きで書き直すのがコツです。

五大効果だけじゃない！「ほめ手帳」のすごい効果

「ほめ手帳」には、第1章で紹介した五大効果以外にも、さまざまな効果があります。

ここからは、「ほめ手帳」で実際にどんな効果があったのか、体験者の実例も交えて紹介しましょう。

心が強くなる（あがり症、うつ、パニック障害、睡眠障害の改善）

うつ症状やパニック症状が改善したという例もたくさんあります。

治療を受けている人でもほめ手帳を併用すると回復が早くなり、薬の量が減ってきた、という声も聞きます。

うつ症状が改善してきて復職した人のなかには、せっかく復職しても症状が悪化して再び休職してしまう人もいます。でも「ほめ手帳」を続けていると、セロトニンの分泌がよくなるうえに、自己管理が上手になるので、無理をしないでストレスをため込まずにうまくいく人が多いようです。

Cさんはママ友との関係がうまくいかず、ほとんどうつ寸前の状態でした。ママ友にいわれた言葉をそのまま「自分が悪い」と受け取り、ますます落ち込んでいく日常。そのストレスが子どもに向かい、子どもも不安定に。

ところが「ほめ手帳」をはじめてから別人のように変わりました。

あるとき学校で、子どもが担任の先生に人格否定のような発言をされ、泣きながら帰って来たそうです。以前のCさんなら、先生がいっていることが正しい、私の子育てが間違っていたと自分を責めてしまったでしょう。

でも、今や自尊心が芽生え、自分の意見に自信が持てるようになったので、先生に対して冷静に穏やかな口調で、おかしいことはおかしいとはっきり意見をいえたそうです。

このように**「ほめ手帳」をつけていると、精神的にしっかりして、自分軸がぶれなくなります**。まわりからの悪い言葉や評判、噂などにも影響されにくくなるのです。

あがり症を克服した人で、ともて印象的な方がいらっしゃいます。マナーの講師をされている30代の女性Ｄさんです。

仕事柄、人前に立たなければならないにもかかわらず、はじまってしばらくは声がうわずってしまうほどのあがり症。Ｄさんは自分を好きになるために「ほめ手帳」をつけていましたが、あがり症の克服と「ほめること」を結び付けていなかったようです。

あるときふと、「セロトニンの分泌がよくなるのなら、あがり症も克服できるかもしれない」と気づき、その日の「自分ほめ」のほかに、毎日必ず「落ち着いて仕事ができる私、すばらしい！」と書いて、脳にいい聞かせていたところ、１カ月もすると、まったくドキドキすることもなく、落ち着いた声で話ができるようになったといいます。

また睡眠障害の人にも効果的です。これは、脳科学の面からも説明できます。

「ほめ手帳」をつけると、脳内の幸せホルモンといわれているセロトニンの分泌がよくなります。実はセロトニンは、メラトニンという睡眠を促すホルモンに変化するのです。セロトニンの分泌がよくなると、メラトニンの量も増えるというわけです。「ほめ手帳」をつけるようになってからぐっすり眠れるようになったという人も多くいます。

夜、布団のなかで今日あった嫌なことを思い出してムカムカしたり、まるで1人でその日の反省会をしているような方もいらっしゃいます。でもそれは睡眠にとって非常によくない状況です。その正反対のことをやるのが「ほめ手帳」です。

なお、うつ病やパニック障害の診断を受けて治療をしながら「ほめ手帳」も併用して改善をしている方はいらっしゃいますが、ここではあくまでも本人が実感した効果をお伝えしています。何日書けばよくなる、というものではありません。どうぞあせらずに、気楽にゆっくりとやってみてください。

☆きれいになる！ 若返る！

「ほめ手帳」をつけてから起こるわかりやすい変化の1つに、外見の変化があります。

嘘のようですが、みなさんきれいになるのです。

印象的なのは**「表情」**。まず表情がいきいきし、目に力が出てきます。

暗い顔をしているよりも、希望に燃えて輝いている顔のほうが、誰でもきれいに見えますよね。

「ほめ手帳」をつけると、脳が活性化します。セロトニンやドーパミンといったホルモンが分泌されますから、心も楽しく、ウキウキしますし、血流もよくなります。当然、肌もきれいになります。なかには髪がツヤツヤしてきたという人までいるくらいです。

きれいになるからまた自信がついて、表情が明るくなり、気持ちも前向きになる――という好循環が起こるのです。

また、自分を肯定し、自分を大切にしていく意識ができてくると変わってくるのが服装です。

それまでは、

「目立たないようにしよう」

「私には明るい色が似合わない」

「無難な色で十分」

などと思っていた人でも、心が明るくなると、ファッションも楽しみたいという意識が自然に出てくるようです。それまで着たことのない明るいカラーを選ぶようになる方も多くいらっしゃいます。

30代のEさんは、「ほめ手帳」をはじめて4カ月。書きはじめて数日で体が軽く感じるようになり、仕事でも一度に多くのことをこなせるようになったそうです。

大きな仕事のプロジェクトも任されるようになり、仕事に自信が持てると心に余裕ができて、まわりにやさしくできるようになりました。女子力もアップして、「きれいになったね」といわれるようになったそうです。

「ほめ手帳」を書くことで「ほめ回路」ができてくると、自律神経の働きも整ってきます。するど、免疫力も高まってくるため、体調が整うなど、**健康面にもいい影響があります**。

「ほめ手帳」をはじめてから、風邪をひきにくくなった、疲れにくくなった、肩こりが改善したなど、健康的になったという声もたくさん聞きます。

☆ほめ上手になる

「ほめ手帳」をつけはじめると出てくる現象に、「自分だけではなく人もほめたくなる」というものがあります。

自分をほめることを続けると、脳内に「ほめ回路」ができてくることは、すでにお話しした通りです。

毎日「ほめ手帳」をつけている人は、自分の脳に毎日「ほめ言葉」を聞かせている状態ですね。不思議なことに、自分のなかに入れたものは、自然に外に出てきます。

自分をほめたら、人をほめたくなる。

意識しなくても、つい、ほめ言葉が出てしまう状態になります。逆にいえば、いつも自分にマイナスの言葉をかけ、自分を責め、貶めている人は、人のことも同じように責めたり悪口をいったりするようになります。

言葉の力は本当に強いので、自分や人の悪口をいえば、本当にその通りになってしまいます。

上司と部下の関係で悩んでいる人も多いと思います。

「もっと部下をほめましょう」といわれても、そもそもほめ回路ができていない上司は、部下のことをほめるのが難しいようです。

なんとか部下を伸ばしたい、売り上げを上げたいと思っても、結局部下をほめることに行き詰ってしまったり、なかには「なんで自分は誰からもほめられないのに、部下をほめなくてはいけないんだ」「ほめたら、部下がつけ上がるのではないか」と思ったりする方もいらっしゃいます。

そういう方には、私はまず「自分で自分をほめてください」といいます。そして気分が上がってくれば、部下をほめたくなるでしょう。もちろん、部下も自分で自分をほめるようにして、職場でほめ合える環境ができるといいですね。

会社全体で「ほめ手帳」を使ったら、きっと業績もアップして、会社にとって大きなメリットになるのではないでしょうか。

☆子育てがうまくいく

子育て中の母親の場合、「ほめ手帳」の効果を最も感じるのは子どもの変化ではないでしょうか。

親が変われば子どもは確実に変わります。

いつも怒っていたお母さんがニコニコしているだけでも、子どもにとってはうれしく、いい影響があることはいうまでもありません。

親自身が自尊心を持ち、心に余裕ができるので、無意識のうちに子どもをほめるようになります。

大人と違って子どもは、ガチガチの固定観念もなく、脳が柔らかいので、あっという間に変わります。

きょうだいゲンカをしなくなる、お手伝いをよくするようになる、勉強をするようになる、今まで何十回もうるさくいってもやらなかったことを1人でやるようになる――変化をあげたらキリがありません。

学校でも落ち着いて過ごせるようになります。

たとえば学校でいじめられたりからかわれたりしても、自分は親から愛されているという自信があるので、多少のことではめげなくなります。子ども自身も心が強くなります。

これは「ほめ日記」の例ですが、ある小学校1年生の男の子のお母さんが、お子さんが授業中は暴れてじっとしていない、給食はわざとこぼす、廊下に出て走り回るといった、多動傾向に悩んでいらっしゃいました。

そこで私は、親子で「ほめ日記」を書くことをおすすめしました。お子さんのほうは、学校の担任の先生に頼んで、書かせてもらうようにしました。

最初のうちは、お子さんのほうは書こうとしませんでしたが、お母さん自身が「ほめ日記」の効果でお子さんをほめるようになり、また先生からもほめられるうちに、だんだん落ち着いてきました。1年生の終わり頃にはすっかり落ち着き、イスに座って勉強もきちんとする子になりました。

親がストレスいっぱいで、あせっていて、イライラしていたらどうなるでしょう。

何よりも親自身が自分に自信を持ちはじめ、心が安定すると、子どものことをむやみに心配しなくなり、イライラをぶつけることもなくなります。そのうえ、ほめ言葉が増えるのですから、子どもは親を好きになり、安心して過ごせるようになって落ち着いてきます。

子どもをほめると、ほめられたときの能力が定着していくといわれていますから、ほめることで学力までアップする例も多くあります。

自分をほめることで、お子さんへの虐待を止められたという例も実はよくあります。

Fさんは、言葉の暴力から身体的な暴力まで、お子さんに対する虐待が止められませんでした。

Fさん自身もうつ症状があり、朝起きられない、子育てが面白くない、もういつ死んでも惜しくないとまで思っていたそうです。

なんとかしないと、子どもも私もダメになると思っていたときに、「ほめ日記」と出会い、半信半疑で書きはじめたところ、劇的に変わりました。

「はじめは、どこもほめるところはないと思っていましたが、できているところに目を向けてほめてみたら、心に安心感が広がりました。今までダメなところばかり見ていたので、どんどん不安が化け物のように大きくなっていたのだと気がつきました」と、Ｆさんは話していました。

自分をほめて認めることの繰り返しによって、うつ症状も改善し、お子さんをほめ、愛の言葉をかけることができるようになっていきました。

当時は小学生だったお子さんは、今は中学生。お料理を一緒につくるなど、仲良し親子になっています。

「ほめ手帳」や「ほめ日記」を書く多くのお母さんたちが、「子どもが前よりずっとかわいいと思えるようになった」「子どもとよく話すようになった」といいます。

これは、お母さんが変わったということなのでしょうか。

いいえ、お母さんの人格や性格が変わったのではありません。

本来の、その人が持っている愛ややさしさがきちんと表に出ただけなのです。**今まで閉**

じ込めていた自分のよさを表面に出すのが、「ほめ手帳」であり「ほめ日記」です。

人は誰でも愛を持っています。

「ほめ手帳」をつけることによって、本来の自分自身が内在させているいいもの、価値あるものが形になって見えてくるのです。

子育てはやり直しがきかないと思っているお母さんも多いと思います。

子育て本のなかには、「3歳までに子どもの自己尊重感、自己肯定感を育てましょう」などと書かれたものも見受けられます。そうすると、イライラして怒りながら子育てしたお母さんは「もう間に合わない」と落ち込んでしまったりしますね。

でも、安心してください。

「ほめ手帳」はいつからでもはじめられますし、いつからはじめても自分を変えることができます。お子さんの育て直しもできるのです。

もちろん早くはじめるのに越したことはありません。でも、いろいろな事情があるし、完璧な子育てなどないのですから、気がついたときからはじめましょう。実際、70歳からはじめて、人生が変わった人もいるくらいです。遅すぎるということはありません。

「子どもを認めてあげましょう」といわれても、理屈ではわかっていても難しいこともあります。でも今、子育てをがんばっている自分を、まず認めてほめてあげることが先です。

「一生懸命やっているよ。えらいよ、がんばっているよ」と、自分を認めてあげることならできるのではないでしょうか。

どうぞ子育てマニュアルにとらわれずに、まずはお母さん（もちろんお父さんも）自身が「ほめ手帳」で価値ある自分に気づき、キラキラ輝いたお母さんになってください。

☆恋愛・結婚がうまくいく

親子関係がうまくいくのですから、当然恋愛関係や夫婦関係にもいい影響がないわけがありません。「ほめ手帳」をはじめて、婚活が成功した例をいくつも見ています。

恋愛がうまくいかなかったり、結婚したくでもなかなか縁がないという場合、人の幸せをどうしても「うらやましい」という気持ちで見てしまいがちです。

うらやましいと思う気持ちは顔に出てしまいますし、自信がなければ自信がない顔になる、それがまた縁を遠ざけてしまうことにもなりかねません。

「ほめ手帳」をつけるとネガティブな印象がなくなります。

前にまず「表情」が変わると書きましたが、すっきりした人相に変わります。放射するエネルギーも変わるので、キラキラした印象になってくるのです。そして自分を殻に閉じ込めずにオープンになっていきますから、出会いも増えていくでしょう。

世の中に「ほめ手帳男子」「ほめ手帳女子」が増えたら、プラスの効果がたくさん起きそうです。

夫婦関係も、劇的によくなります。

まず第一に、会話が増えます。もともとコミュニケーションがうまくいっていないご夫婦の場合、どちらかが我慢して、相手のペースに合わせて……といったこともあるのではないでしょうか。それが、「ほめ手帳」でいい意味で感情が解放されるので、自分のしてほしいこと、思っていることを、素直に表現できるようになります。

たとえば、家事も育児も1人で抱え込み、ストレスを感じていた方がいました。それまでは「何でいつも私1人でやってるの！」と夫に怒りをぶつけていましたが、「ほめ手帳」をつけてからは、「手伝ってくれると助かるな」と素直に夫に頼れるようになったといいます。

また、幼稚園生のお子さんのお母さんから、「『ほめ手帳』をつけてから、夫にほしいものがいえるようになりました」と報告を受けたこともありました。夫にほしいものも遠慮していえなかったり、また逆に夫が妻にいいたいことをいえず外でウサを晴らしたり、意外と自分の気持ちを話せないでいる夫婦が多いのかもしれません。

「ほめ手帳」は、自分自身を客観的に観察していくうちに、自分を解放していく作業でもあります。

自分の気持ちをケンカにならないような形で上手に表現することができるようになれば、夫婦関係は今よりずっとうまくいくと思います。

「夫と晩酌するようになった」

「頼んでいないのに夫が家事を手伝うようになった」

「子どもの面倒を見てくれるようになった」

という声も、よく聞きます。夫婦関係に悩んでいる方やストレスを抱えている方は、一度やってみてください。

☆収入がアップする

ここまで読んでいただいた方には、「ほめ手帳」を続ければ、仕事がうまくいくことは十分想像ができるのではないでしょうか。

苦手だったプレゼンがうまくできるようになる、自己管理がうまくいくので、段取りよく仕事が進む、時間に余裕ができるので、同じ時間をかけても効率よく仕事ができるなど、仕事への効果が目に見えて出てきます。

五大効果のところでもお話ししたように、**直感力やひらめき、企画力がアップすることによって、必然的に仕事の評価が上がり、ひいては収入のアップにつながっていきます。**

実際に「営業の成績がアップしてボーナスが上がった」「以前からやりたかった部署に異動して昇格した」「効率よく仕事ができるようになったので仕事が増え、収入が上がった」という人も珍しくありません。

仕事をしている人のなかには、もともと実力があるのに、自分で自分にブロックをかけて実力を抑えこんでしまう人がいます。Gさんもそんな1人でした。

日本では「出る杭は打たれる」といわれるように、「出しゃばっていると思われたくない」という風潮がありますね。でも、「ほめ手帳」をつけはじめると、自分を表現していくことが怖くなくなってきます。もちろん、表現力も上がってきます。

「ほめ手帳」をつけはじめてから知らず知らずに自分に自信がついてきたGさんは、プレゼンでも会議でも、臆することなく自分の意見をいえるようになりました。

手帳なら、会議中に持っていてもおかしくありませんから、「ほめ手帳」を開いて、自分へのほめ言葉を心のなかで読みながら会議や打ち合わせにのぞむのもいいと思います。きっと前向きでプラスになるような発言ができたり、いいアイデアがわいてくるはずです。

☆過去を手放せる（親との確執、過去のトラウマからの解放）

最後にもう1つ、その人の性格に深くかかわってくるものに、「こだわっていた過去の出来事を手放せる」ということがあります。

たとえば、親との確執。幼少期から母親との折り合いが悪く、長い間母親を憎んでいた人、父親に虐待を受けていた人なども「ほめ手帳」をつけると変化が起こります。成育過程に受けた精神的なダメージは、「ほめ手帳」をつけることで結果的に解放されていきます。

思い出したくない過去がある人にとって、過去を振り返ること自体、マイナスの回路を太くしてしまうことになります。そのため「ほめ手帳」をつけるときは、あえてそのマイナス面を振り返ることはしません。ただただ現在の自分をほめて、プラス面に目を向け続けます。

マイナス面を受け入れようと努力したり、見方を変えようとするのはなかなか難しい面があります。「ほめ手帳」では、そうしたことをせず、過去がどうであろうとそれはいったん脇に置いておき、今現在の自分をほめる、今の自分を受け入れて、楽しむことを重視します。


未来の土台をつくるのは「今の自分」です。

今自分をほめて、今の幸せを味わっていれば、おのずと未来は幸せになっていきます。

過去のマイナスを振り返って、現在をマイナスに感じていたら、未来もマイナスになってしまうでしょう。

過去がどうであろうと、現在とそれにつながる未来が幸せならばいいのです。

今が幸せになったとき、未来にも希望が見えてきます。そうなってから過去を振り返ると、「(過去の自分や出来事を)許そうかな」と思えてくるものです。

もちろん、無理に許さなくてもいいのです。過去のトラウマが完全にゼロになることはないかもしれませんが、今の自分の気持ちがラクになって、未来に希望が持てるとしたら、過去のことも、そっとしておける日がくるかもしれません。

「ほめ手帳」で喜びの多い人生を歩んでいきましょう。

第3章

手帳とペンがあればＯＫ！
今日から「ほめ手帳」をつけてみよう

「ほめ手帳」にはこんな手帳がおすすめ

さあ、ここからは「ほめ手帳」実践編です。

手帳のよさは、いつも持ち歩けることですね。スケジュールが書いてあるので、「今日はいいタイミングでアポが取れた。カンがいいね！」「時間をやりくりして子どもの保護者会に出席できた。さすが！」など、その日の出来事と結びつけて〝ほめネタ〟を探しやすいのもメリットです。

手帳もさまざまな種類がありますが、「スケジュール以外の余白を書くスペースが数行あるもの」がおすすめです。

手帳なので、日記ほどのスペースはありませんが、1〜2行でもいいので、毎日ひと言は書くスペースがあるものがいいでしょう。

何より大切なのは、**たった数行であっても、必ず「ほめ言葉」を入れること**。

出来事だけを書いて終わり、ということでは「ほめ手帳」の効果があらわれません。

「ほめ手帳」におすすめの手帳

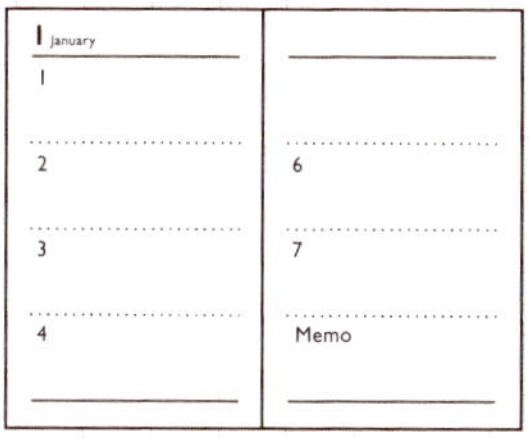

● セパレート式

一日分の記入スペースを広くとっているタイプ。各日の横や下の部分を「ほめ手帳」欄にできる。見開きページの右下がフリースペースになっているので、一週間の振り返りにも使える。

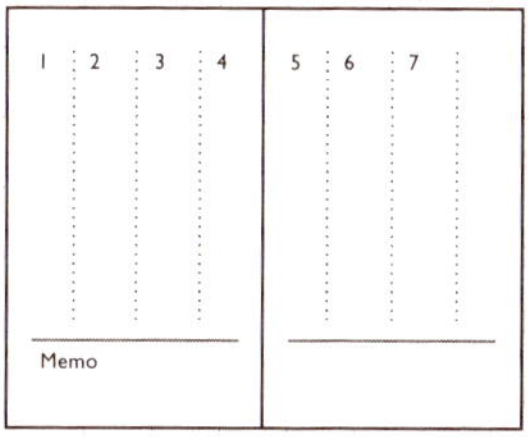

● バーチカル式

スケジュール欄の時間軸が縦になっていて、ひとめで一日の流れがわかる。下の部分のフリースペースを「ほめ手帳」欄にするとよい。

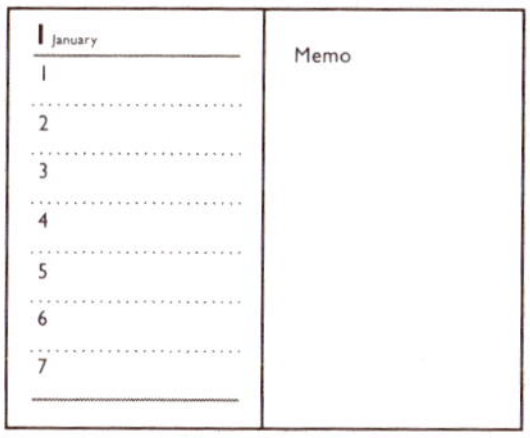

● レフト式

左ページがスケジュール欄、右ページがフリースペースになっているタイプ。右ページを「ほめ手帳」欄に活用できる。長めに「ほめ手帳」を書きたい人におすすめ。

Check! 手持ちの手帳に書く欄が少ない場合は、ふせんにほめ言葉を書き、一日の終わりに別の手帳に書き写してもよい。

手帳以外にも、育児日記や、家計簿を使ってもいいでしょう。とにかく毎日開くもので、スペースがあれば、そこにほめ言葉を書いていきましょう。思いついたことを、気軽に書き出してみてください。

改めて時間をつくってゆっくり書く「ほめ日記」と比べて、「ほめ手帳」のほうが毎日続けやすい面もありますが、「ほめ手帳」をつけるのが習慣になるまでは、時間がかかる人もいます。

〝三日坊主〟の人は、よく書き忘れてしまったことを気にしますが、その必要はありません。3日も続けられたことをほめ、また書きはじめればOKです。

「えらい！『ほめ手帳』を書くのを思い出した自分はすごい！」とほめてしまいましょう。「ほめ手帳」は続けていくうちに、書くこと自体が楽しくなってくるので、毎日書くことが当たり前になってきます。

ただ、そこまで行く前に挫折してしまいそうだと思う人は、シールを貼ったり、スタンプを押したりというように、楽しくなる要素を入れていくといいですね。

実際、イラストが得意で、ほめ言葉と一緒に必ずイラストをつけるという人もいます。

また、ほめ言葉を書く欄がわかるように、色ペンで囲む人や、ほめ言葉だけ違う色のペンで書くようにするなど、みなさん楽しんで書く工夫をしています。

いつも使っている手帳だとどうしてもほめ言葉を書くスペースがない場合は、大きめのふせんに書いてペタッと貼っておいてもいいでしょう。

最初に「なりたい自分像」を書く

手帳を選んだら、まず最初のページに、「なりたい自分像」を書きましょう。これが、「ほめ手帳」の効果をさらに上げるコツです。

手帳を開いたときに、目に入る場所に書くのがポイントです。

できるだけ具体的に書きましょう。たとえば、

「○○の資格をとって活躍したい」

「課長に昇進してたくさん収入を得て豊かに暮らしたい」

という形に見えるもの、物質的なものでも、もちろんいいのですが、それにプラスして内的な目標も必ず立てることをおすすめします。

たとえば、

「私は自分の意見をきちんといえる人になるよ」

「人の目を気にせず、いつも落ち着いている自分でいる」

「コミュニケーション能力をアップさせて、人とバランスよくつき合える私になる」

というようなことでもいいでしょう。

もっと根本的な目標、たとえば、

「私は私を好きになる」

「私は自分を肯定できる人になる」

「今日から私は自分を尊重して生きまーす」

といったことも、とてもいいと思います。

これを書いておくと書いておかないのとでは、「ほめ手帳」の効果が違ってくるのです。

「なりたい自分像」を書くとはいえ、「○○になりたい」という書き方ではなく、「なる」と宣言調で書くことが大切です。「願望」ではなく、「宣言」になりますね。

最初に目に入る場所に書く理由は、折に触れて気持ちを呼び覚ましてほしいからです。

「ほめ手帳」を続けていけば、少しずつですが必ずプラスの変化が出てきます。振り返ってその変化を実感するようにしてみてください。

一瞬でほめ上手になる！「ほめ言葉リスト」

「ほめ手帳」は、単なる出来事の羅列にするのではなく、シメにほめ言葉を入れることがポイントだというのは、すでにお話しした通りです。

普段からほめることに慣れていない人は、そもそもほめ言葉がわからない、ほめ言葉のバリエーションがない、ということがあるようです。

ほめるといえば、「えらいね」「すごいね」という言葉くらいしか浮かんでこない人が多いですね。

たとえば、

「輝いているよ」
「やったー、バンザイ」
「なかなかやるね」

などといったように、いつも違う言葉でほめましょう。

ほめ言葉を豊かに使うことは、自分を客観視することにつながります。「今日はどんな言葉でほめようか」「『えらい』より、ここは『素敵だね』のほうがふさわしいかな」といったように。

するとと自分の人間としての幅が広がり、豊かになってくる気がしませんか。ここが大事なところです。


日本語にはすばらしいほめ言葉がたくさんあります。でも今まではそれらを積極的に使おうとしなかったのが私たちの社会だと思います。

たくさんのほめ言葉を使ってあなたの魅力を広げてください。ほめ言葉がこんなに豊かにあるのに、使わないのはもったいない！


いろいろなほめ言葉を使っていくと、自己像も変わってきます。最初のページに書いた、「なりたい自分像」が豊かになっていくのです。それが自信にもつながっていきます。

「私って、結構いい面があるじゃない」「こんな一面もあったんだ」ということを、豊かな言葉を使うことによって改めて感じることができるでしょう。これが気持ちの安定にもつながっていきます。

ほめ言葉のバリエーションを増やして、もっと豊かな自分を見つけていただくために、次ページに「ほめ言葉リスト」を用意しました。ぜひ書くときの参考にしてみてください。

誰でも
ほめ上手になる!

「ほめ言葉」リスト

えらい!
よくやった!
すばらしいよ〜
天才!
最高!
センスいいね
ステキ!
かわいい
かっこいい
魅力的だね
輝いてる!
すご〜い!
やさしいね
おおらかだね
いい感じだね
うまい、うまい
いいぞ、いいぞ
VERY GOOD!
がんばった
大人だね
頼もしい
ほれぼれするね
やればできるじゃない
たいしたものだ
体力あるね
ガッツがある
いい感性をしている

なかなか優秀だ
将来有望だね
上出来!
自立してるね
知的だね
行動力があるよ
アイデアに富んでいる
バージョンアップした
レベルが上がったよ
自分力がある
人間力がる
EQ指数が高いよね
GOOD JOB!
グレードアップしたね
活力がある
腕を上げたぞ
見どころがある
見込みがある
フットワークが軽い
成長している
よくここまでがんばった
決断が早い
これが強みだね
充実している
バランス感覚がいい
好感度アップだ

冷静に判断する力がある
覚えが早いね! 頭いい〜
発想力がすばらしい
社会に貢献できている
順調にいってるね
粘り強いね
今日も満員電車で通勤、えらいぞ
段取りがよかった。さすが!
にこやかな接客ができたね。笑顔がいいよ〜
電話の応対、慣れてきたね。その調子だよ
5分前行動ができている。いいよ〜
会議の発言、上出来!
スケジュールをうまくこなしているね
今日の作業、手際よくやれたね
ミスの後処理、さっさとやれた。能力あるね
同僚の嫌味、引きずらなかった。切り替え力抜群!
クレーム対応、精一杯がんばれた。芯が強いね
周囲への気づかい、バランス感覚がすばらしい
部下へのやさしい言葉かけ、いい上司だ

リストはコピーして手帳に貼っておくと、ほめ言葉が思い浮かばないときにすぐに見られるので便利です。また、この後説明する「ほめポイント」も、同様に手帳に貼っておきましょう。

余談ですが、ちょっと自信がなくなってしまったときや不安なとき、この「ほめ言葉リスト」をただ読むだけでも、元気になるという声もよく聞きます。

たくさんのほめ言葉を使っていくうちにほめ言葉を覚えていきます。

すると覚えた言葉が自分だけでなく、自然と人に対しても出るようになります。しかも的確な言葉が出るようになりますから、自分も、ほめられた相手も気持ちよくなるというメリットもあります。

「大丈夫、できるよ」「がんばろう」といった励ましや「ありがとう」という感謝の言葉を使うのも、もちろんいいことです。

すでに起きたことをほめるのは比較的ほめやすいのですが、たとえば朝手帳を開いて今日の予定を見て、「大丈夫、この面談はきっとうまくいくよ」「私ならできるよ」といったように肯定的な言葉で励ますこともおすすめです。

ただ、ポイントはやはり、ほめ言葉を使うこと。励ましや感謝の言葉ばかり並べている人がいますが、必ずほめ言葉を加えるようにしましょう。

それは、すでに何度も説明しているように、ほめ言葉が一番脳を喜ばせるからです。

朝、昼、夜でほめる

いつほめればいいのですか、とほめるタイミングについて質問を受けることがよくありますが、難しく考える必要はありません。このタイミングでほめなければいけない、などと構えることなく、気楽にいつでもほめられるのが「ほめ手帳」のいいところ。

ここではわかりやすく、一日のなかでのほめるタイミングとして、「朝」「昼」「夜」の3つに分けて説明しましょう。

朝ほめ

朝起きて、前の日を振り返ってほめましょう。たとえば、

「打ち合わせがスムーズにできた。私ってなかなかできるね」

「昨日は子どもを一度も怒らなかった、えらい！」

といったように。

また、一日のはじまりでもあるので、その日に予定していることへの励ましとして使う方法もあります。特にその日、苦手なことや緊張することがあるという場合、朝「ほめ手帳」をつけることで、気持ちが落ち着いてきます。

「今日のプレゼン、私ならきっとうまくいくよ、大丈夫」

「今日の保護者会、落ち着いていられるよ。ママ友とも仲よくできるよ」

なかなか自信が持てないときは、今まで書いてきた「ほめ手帳」を読み返して、「私は大丈夫だ」と自分を励まして、「私ならできる」といい聞かせてから臨むとかなり違います。

「うまくいっている自分」をイメージすることが大事です。

繰り返しになりますが、この場合、励ましたあと、必ず自分へのほめ言葉を入れるのを忘れないようにしましょう。

夜ほめ

夜寝る前などに手帳を開いて、翌日のスケジュールをチェックするタイミングでほめ言葉を書きましょう。

夜のタイミングでは、その日あった出来事に対してほめたり、「朝ほめ」と同じように翌日のスケジュールに合わせて「自分への励まし」＋「ほめ」を記入してもいいでしょう。

「今日は電車が遅れたのに、会社に遅刻しないで行けた。私もたいしたものだよ！」

「明日は（苦手な）上司と外出。きっと会話もスムーズに進むから大丈夫！　私はコミュニケーション能力、アップしてるよ」

といったように。

一日を振り返って客観的に自分を見たり、明日の予定を見て出来事を俯瞰《ふかん》して励ましたりほめたりすること自体が、自分の価値に気づくことにつながります。

昼ほめ

最後に「昼ほめ」です。「ほめ手帳」の特徴として、「昼ほめ」が手軽にしやすいということがあります。

「午前中に企画書を仕上げた！　私も成長したね」

「メールチェックがサクサクできた。いいよ、その調子！」

など、日中、１つの仕事をクリアしたときなどにその都度書きましょう。

手帳なら、仕事中に広げていても不自然ではありません。スケジュールをチェックするついでにほめコメントを書く、会議中にほめコメントを書く（会議中に自分をほめるのをおすすめしていいかどうかわかりませんが）、といったことも可能です。

日中はほめコメントを書く余裕がないという人や、日中は外出することが多い人におすすめなのが、出先や仕事帰りにカフェに立ち寄り、一服しながら「ほめ手帳」をつける方法。

すると、気持ちの整理ができた、頭のなかがスッキリした、と感じる人が多いようです。

1週間、1カ月、1年でほめる

朝、昼、夜と一日のなかで自分のやりやすいタイミングでほめるようにすると、ほめることに慣れてきます。そもそも「ほめること」に慣れていない人がほとんどですから、手帳にひと言書けた、そこだけでも自分をほめましょう。

「ほめ手帳」を続けられたら、次の段階として、1週間、1カ月、1年というように、時期を区切って振り返るとより効果的です。

1週間ごとにほめる

まず1週間「ほめ手帳」が続いたことをほめましょう。そして週末など時間があるときに、１週間分のほめ言葉を読み返してみます。

大きな変化はまだないかもしれませんが、日々の出来事から自分の性格や感性がわかる場面、感情をコントロールできた場面などがあるはずです。自分の「ほめポイント」をチェックするというイメージを持つといいでしょう。

ささいなことでかまいません。

感性というとわかりにくいかもしれませんが、「ほめ手帳」をつけると心にゆとりが出てくるので、空を見上げて夜空がきれいだと思ったり、好きな音楽をゆっくり楽しんだりできる自分になってきます。もしそういうことがあれば、

「心にゆとりがあるね」

「音楽を楽しむ私、感性豊かだね」

と振り返ってほめましょう。

また感情のコントロールという意味では、

「子どもにイライラしなかった。安定していたね」

「同僚にやさしくできたね」

「自分の意見をはっきりいえた。かっこいい〜」

など、ちょっとした変化を見逃さないようにしてほめます。

こうして目に見えない内面の変化を見るようにしていきます。

これはどういうことかというと、丁寧に肯定的に自分を見つめる習慣を持つということです。それが、隠れていた自分の能力を目覚めさせることにつながっていきます。

1カ月ごとにほめる

1カ月続いたら、1週間のときと同じようにほめる視点で振り返りましょう。

1カ月「ほめ手帳」を続けていると、ほとんどの人に何かしら変化が出ているはずです。

1カ月というスパンのなかで、努力のプロセスや成果をほめ、プラスの変化をほめます。

ここでもポイントは内面の変化に気づくこと。

たとえば1カ月の変化として、営業の成績が上がった、という場合はわかりやすいですよね。でも大切なのは数字の変化ではありません。成績が変わらなかったからダメ、ということではないのです。

「営業成績は悪いままだけど、落ち込む回数が少なくなった」

「そのうち必ずやってやるという気持ちが芽生えてきた」

といったように、**目に見えるものだけでなく、目に見えない内面の変化に気づくことのほうがずっと大事です。**

そうすると、自尊感が高まり、自分の成長をより楽しめるようになってきます。

1年ごとにほめる

手帳のいいところは、1年で1冊、とひと区切りつけやすいこと。

「ほめ手帳」を1年続けたら、1年前の自分とはまったく違った自分になっている人もいるでしょう。

1週間の変化、1カ月の変化、その積み重ねで、年の暮れに「よくやったね」という意味をこめて振り返ってみるといいですね。きっと有意義で充実した1年だったと思えることでしょう。

大人になると、なかなか自分が成長している実感が持ちにくいものです。でも、「ほめ手帳」をつけている人は、特に内面の成長を実感できているはずです。自分の人生が着実に前に向かって進んでいること、自分が成長し続けていることがわかるでしょう。

「ほめ手帳」の最初のページに「なりたい自分像を書く」ことを提案しましたね。なりたい自分像にどれだけ近づけたでしょうか。1年の終わりに振り返ってみましょう。

このときも、**「まだ10％も近づけていない」という見方をするのではなく、「10％も近づけたらすごいじゃない！」と思うことが大切です。**

少しずつでもなりたい自分に近づいていたら、区切りごとに自分に何かごほうびのプレゼントをあげてもいいですね。

大げさではなく、1年間「ほめ手帳」を続けることができれば、内面の変化に関しては、なりたい自分像にかなり近づいている人も多いでしょう。

日々プラスに変化していく自分を見ていくこと、いろいろな能力を発揮する自分を見ていくことを続けると、もっと自分を高めたいという目標設定もできます。さらにステージを上げていきたいという意欲もわいてきます。

ちなみに読み返すときは、目で読み返すだけでもいいのですが、**音読がおすすめ**です。目で見て、声に出して耳でもほめ言葉を聞くので、脳のいろいろな分野に影響を与えます。

☑「ほめどころ」が必ず見つかる！「ほめポイント」

「自分をほめて」と繰り返し書いてきましたが、いざ書こうとすると、どこをほめていいかわからないと思われる人もいるかもしれません。

ほめるところがない人は１人もいません。

ほめるというと人より優れていることや、特別に努力してがんばったことだと思いがちですが、ほめるポイントはそれだけではありません。自分でこれはいいなと思ったことを、思いつくままに書き、ほめ言葉をつけてみましょう。

できたこと、がんばったことばかりほめていると、行き詰ってしまいます。当たり前だと思うことをほめることが大切です。自分をいろいろな角度から見て、ほめる点を探してみてください。

当たり前のことをほめるのは、案外できそうでできないものです。

朝起きて家族のごはんをつくった、身支度をして毎日会社に行っている、元気にごはんを食べている――「そんなことでほめていいの？」ということこそ、ほめましょう。

スケジュールが書かれている「ほめ手帳」の場合、どうしても仕事やその日の行動をメインにほめがちです。もちろんそれもいいのですが、時にはちょっと違うところに視点を置いてみましょう。

「ほめポイント」を見つけやすいように、10項目にまとめたものを紹介します。これを参考に自分に対する視野を広げましょう。

必ずほめるところが見つかる！

10の「ほめポイント」

1 内面（性格や心の動きなど）をほめる
「やさしい」「こう思った」など、性格や心の動きをほめる

2 行動や仕事をほめる
その日の出来事を振り返ってみる。当たり前のこともほめる

3 体の働きをほめる
手足から目、耳、鼻、舌、胃や腸などの内臓にも感謝しよう

4 感覚・感性をほめる
目には見えない感性や感覚の変化にも意識を向ける

5 努力していることをほめる
まだ結果が出ていなくても、がんばろうとしている自分をほめる

6 やらなかったことをほめる（やめようと思っていることなど）
ムダづかい、お酒や甘い物、残業など、やらなかったことに注目

7 思ったこと、ひらめいたことをほめる
行動に移していなくても、思ったことをまずほめる

8 容姿（見た目）をほめる
人と比べず、自分だけのチャームポイントを探してみる

9 過去に努力したことをほめる
現在だけでなく、過去にもほめネタはたくさんある

10 プラスの変化、内的気づき、自己発見をほめる
小さな変化でも、着実に進歩している自分をほめる

☆内面（性格や心の動きなど）をほめる

例：子どもが騒ぐといつもイラッときていた私。
最近、大らかに受け止められるようになったね。いいお母さんだね。

自分の内面はそう簡単には変わらないと思っていませんか。

「ほめ手帳」をはじめると、個人差はありますが比較的早い段階で、内面の変化に気づくことが多いものです。

例にあるように、子どもに怒らなくなったというのはもちろん、いつも気持ちが安定している、嫌なことをいわれても気にしなくなった、など人とのかかわりのなかで変化に気づく人もいます。

☆行動や仕事をほめる

例：今日は早起きをして残っていた仕事を片づけた。段取り上手だね。

「ほめ手帳」をつけている人は、一番ほめやすいポイントではないでしょうか。

仕事で成果が上がったことや、よくできたことだけでなく、毎朝早起きしてお弁当をつくっている、混んだ通勤電車に乗っている、掃除や洗濯をしている、おいしくごはんを食べているなど、今まで当たり前だと思っていたことをほめてみると、自分の健康に感謝したり、日々生きていることにさえ、ありがたい気持ちがわいてくるでしょう。

☆体の働きをほめる

例：美しい景色を見ることができる私の目、パソコンの入力ができる私の指、すばらしい～!!

好きな音楽を聴くことができる耳、ウォーキングを楽しめる足、料理をつくり出す手、おいしい食事を味わえる舌、食べ物を消化してくれる胃や腸などなど、あげたらキリがありませんね。当たり前のように毎日つきあっている自分の体もたくさんほめましょう。

「ほめ手帳」に加えて、夜布団に入るとき、今日一日がんばった自分の体に感謝して寝るのもおすすめです。

☆感覚・感性をほめる

例：夕焼けを見て「きれいだな」と感動できる私って、感性が豊かだね。

内面をほめるのと同様、感覚や感性のような目に見えないものをほめることがとても大切です。

感覚や感性といわれても、全然イメージできないという人もいるかもしれません。例にあるように、自然の景色を見てきれいだなとこれまで以上に感じるようになる人もいます。そうなれば、感性が磨かれてきた証拠！

「ほめ手帳」をはじめると、感性が豊かになるので、今まで意識しなかった景色が目に入ってくるようにもなります。「風が気持ちいいな」「今まで気がつかなかったけど、道端に一生懸命咲いている花に癒されるな」ということも増えてきます。

そのほか、映画を観て泣いたり笑ったりできる自分、本や音楽に触れて感動している自分などもほめましょう。

☆努力していることをほめる

例：三日坊主だったけど「ほめ日記」は根気よく続けているね。なかなか見上げたものだよ。

ほめることが苦手な人も、努力していることはほめやすいでしょう。

家事にしろ、仕事にしろ、生きていくためにはみんなそれぞれ努力をしています。その努力をほめることはとても大事です。

日本では特に、「努力しています」と口にするだけではダメだ、結果を出さないとダメだ、とよくいわれます。けれども、努力をしていること、それ自体がすばらしいことであり、だからこそ結果を出せるのですから、努力はどんどんほめましょう。

がんばろうとしている自分、意欲がある自分を認めることが大切です。

ほめ続けていると、その努力は持続します。やがて結果も出るでしょう。

☆やらなかったことをほめる（やめようと思っていることなど）

例：いつもなら無理して仕事をしてしまうところだけど、自分の体を大切にしてしっかり休んだね。いい変化だよ。

ほめるというと、やったことをほめることだと思っている人が多いのですが、「やらなかったこと」にも注目してみます。

「今日はムダづかいをしなかった、エライ！」
「今日はお酒を飲まずに早く寝た。いい調子」
「いつも自分を責めているけど、今日は責めなかった、すばらしい」
といったように。

積極的に何かをしなければほめてはいけない、という意識が根づいている人は、やらなかったことを意識的に考えてみるクセをつけてみましょう。自分に向ける視点が変わってきます。

☆思ったこと、ひらめいたことをほめる

例：なりたい自分に近づこうとしている私は、すばらしいね。たいしたものだよ。

「ほめ手帳」を続けていると、ひらめきや直感力がアップするのはすでにお話しした通りです。なにかひらめいたときは忘れないうちにすかさずほめましょう。するといい発想がどんどん出てくるようになりますし、自然に企画力もついてきます。

ひらめきや発想だけでなく、普段ごく当たり前に思っていること、考えていることもほめましょう。

「なりたい自分を目指している私は、なかなかポジティブでいいね」

「子どもたちの役に立ちたいとＰＴＡの役員を引き受けた私は、すばらしい」

「素敵なパートナーが必ず見つかると信じて婚活している私、やるじゃない！」

などなど。

自分の考えを肯定することにつながります。

☆容姿（見た目）をほめる

例：今日のヘアスタイル、なかなか決まってるね。かっこいい！

自分の容姿を否定する人も多いのですが、「ほめ手帳」で自信がつくと、容姿もそれに伴って必ずきれいになっていきます。

「今日のスーツ姿、似合ってるよ。かっこいいね」
「笑顔が輝いているよ」
などとほめましょう。

顔、ヘアスタイル、体形には自信がない、という人でも、自分なりのチャームポイントを見つけられます。どんな小さなことでもほめるのがポイントです。

「私の爪って健康的なピンク色。すてきだね」
「眉毛の形がスッキリして、さわやか！」
「ほめ手帳」は人に見せるものでも、自慢するものでもないので、遠慮なくほめましょう。

☆過去に努力したことをほめる

例：入社したばかりのときは、がむしゃらにがんばって毎日残業していたなあ。あのときの努力があるから今があるんだよ。立派、立派！

現在のことだけでなく、過去もほめてみましょう。

過去を思い出したくない人は、無理して思い出す必要はありません。

過去にうれしかったこと、がんばったこと、苦しかったことを乗り越えた自分の強さなどをふっと思い出したら、ほめましょう。

「高校時代、テニス部で暗くなるまでよくがんばっていたなあ。根性あるね」

「結婚して10年、いろいろあったけど何とかここまでこれた。よくやった！」

などです。

過去を振り返ってほめることで、過去の嫌なことばかりを思い出しがちだった人でも、実は悪いことばかりではなかったことに気づくこともあります。

☆プラスの変化、内的気づき、自己発見をほめる

例：１人でいても不安にならずにいつも心穏やかでいられるようになった。すごい変化だ。成長しているね。

これは「ほめ手帳」をつけていくなかでも、少しレベルの高いほめポイントかもしれません。ただ、続けていけば、大小に関わらず、かならずプラスの変化があります。

「文句ばっかりいっていたのに、気がついたら自然と子どもをほめていた。『ほめ回路』ができた！　すごい！」

「目の前にいる人を大切に思えるようになった。愛が大きくなった！」

こんな具合にほめてみてください。

意外と自分自身では気がつかない変化も、家族や同僚など、周囲の人から指摘されて気がつくこともあります。また、自分が変わると周囲の人間関係も円滑になっていくことが多いので、周囲の変化から自分の変化に気づくこともあるでしょう。

このほかに「夢や希望をほめる」のもおすすめ。夢や希望を「持っている」ことをほめ

るのです。もちろん、まだ実現していなくても大丈夫。夢や希望を持っている自分はすばらしい、というほめ方でいいのです。目標を持って、目標に向かって歩んでいる自分。まだ結果は出ていなくても、目標を達成できていなくてもＯＫです。

すると、気持ちが安定して、焦りがなくなってきます。「この夢にはまだ遠い」「自分はまだまだだ」といった、自分へのダメ出しも減ってきます。その代わり、「大丈夫、努力しているから必ずできるよ」という励ましの言葉が出てくるようになるでしょう。

繰り返しになりますが、これらのほめポイントでいくらほめ言葉が浮かんでも、頭のなかで思うだけでは何も変化はありません。

「ほめ手帳」は、「言葉」にして出すことに意味があります。ほめ言葉を書き、どうぞ頭のなかに届けてください。そして脳を喜ばせてあげましょう。

それでもほめることが思い浮かばないときは…

ほめポイントから探してみても、ほめることがなかなか思い浮かばない人もいるかもしれません。そんなときの考え方のコツを2つお伝えします。

まず1つめは、**減点法ではなく加点法で考える**こと。

私たち日本人は減点法の思考に慣れています。日本の学校教育にしても、親からいわれることにしても、まず１００点満点などの完璧な形があって、それに満たないものを責める傾向があります。

90点取れても「あと10点足りない、まだダメだ」という考え方ではなくて、ゼロからいくつプラスされたかという視点で見ていきましょう。

これが加点法です。「10点取れた。すごいね、次は15点取れるよ」というように。そうして点数を増やしていく考え方です。

「ほめ手帳」を書いていくうちに、意識しなくても自然に加点法の思考が身についていくものです。たとえば子どもに対して「ここが足りないからまだダメね」という見方ではなく、「ここまでできているから、きっと大丈夫。次はもっとよくなっているわ」という見方ができるようになってきます。

人と比べて自分はできない、ダメだと責めることもなくなり、自分に期待したり、自分自身の変化を楽しみにしたりする気持ちが出てきます。

「ほめ手帳」を書くときも、マイナス面は一切書かず、加点法でプラスのことしか書かないという意識でいてください。

もちろん人間ですからマイナス面はあります。でもマイナス面を見て反省するのは、プラス面を「ほめ手帳」で確認したあとにしましょう。

プラスを見たあとにマイナスを見ると、自分自身を一歩離れて見られるようになってきます。するとマイナス面の修正も上手にできるようになってくるのです。

コツの2つめは、**観察力を磨く**こと。

「ほめ手帳」で自分の「ほめポイント」を書くことは、自分をよく観察して、客観的に見なければできないことです。

私はこれを「自分を複眼で見る練習」といっています。

情報量が多く、スピード重視、効率重視の現代社会では、自分を丁寧に観察することができにくくなっています。だからこそ、「ほめ手帳」をつけている時間だけは、自分の内面と向き合う時間にしていただきたいのです。

普段、外に意識を向けることばかりしていると、自分の変化もわからないし、行動だけを見ていると、内面の微妙な変化に気づきにくくなってしまいます。

起こった出来事や自分がやった行動だけに注目していると、ほめることが思い浮かばないのも当然でしょう。

自分の外で起こった変化だけでなく、それによって自分がどう反応したか、今まではこうだったけど、こう変わった、こんな気持ちを抱くようになった、など、自分の内側に意識を向けて観察してみてください。

自分を複眼で見て、本来自分自身が内在させているいいもの、価値のあるものを見つけ出していきましょう。

マンネリ化を抜け出す方法

「ほめ手帳」を書き続けていくと、いつも同じことをほめている、マンネリ化してきてしまうという声をよく聞きます。

そういうときは82ページで紹介した10項目の「ほめポイント」のなかから1つ2つ選び、徹底的にほめましょう。

「今日は体をとことんほめよう」と決めたら、頭からまつげ、鼻、心臓、胃、手、肩、腕、足、脳、筋肉から骨まで何から何までほめるのです。「容姿をほめる」と決めたら、これもとことんほめます。すると、また視点が変わってくるのがわかるはずです。

こうして自分に課題を与えると、何をほめたら自分がワクワクするかがわかってきます。ワクワクするのは脳が喜んでいる証拠。自分のワクワクポイントを見つけられるといいですね。

もしも「今日はほめることが1つも見つからない」というときは、「今日も一日、よく生きた。生きているだけでえらい！」と、命があることをほめましょう。

ほめることが見つからない自分を責めたりせず、

「毎日ほめ言葉を探そうとしている私は、よく努力しているね」

「自分を観察する目が肥えてきたみたい。自己尊重感がアップしているね」

と「ほめること」に結びつけてしまいましょう。

せっかくの「ほめ効果」をなくしてしまう書き方がある！

次に、「ほめ手帳」を書くときにやってしまいがちな、ＮＧポイントを紹介しましょう。

これを守らないと、いくらほめ言葉を書いても、その効果が薄れてしまいますので注意してください。

☆反省することがあっても書かない

特に日記などの形式で書く場合は、その日の反省を書いてしまう人がいます。

「今日は上司にいわれたことにムカついてしまった。もう少し冷静にできていれば……」

「つい子どもに声を荒げてしまった。寝顔を見て、怒りすぎちゃったかなと反省……」

今日のわが身を振り返り、反省をすることで、今度は同じことを繰り返さないようにという意識があるのでしょう。

もちろん、反省することは大切です。でもほめ手帳は反省を書く手帳ではありません。これは反省をするな、という意味ではなく、ほめ手帳の使い方として、反省ではなく、プラスの言葉を書くことを肝に銘じておいてほしいのです。

自分を責めることは、マイナスの回路をどんどん太くしていってしまいます。

反省をしている間は、自分を肯定化したり、自信が持てるようになったりすることはないのです。反省したり、マイナスの言葉を書くくらいなら、むしろ何も書かないほうがいいくらいです。

「今日も子どもを怒っちゃった。ごめんね」などと書くのなら、マイナス面にはまったく触れずに、「栄養面を考えて、子どもたちにおいしいごはんをつくった。えらいね」といったように、プラスのことだけ書きましょう。

ほめることを探す脳に変えていくように意識するのです。

☆出来事の説明だけで終わらせない

いいところを探して手帳に書くとき、「今日は仕事をがんばった！」と出来事だけを書いてしまいがちです。

もちろんマイナス面を書くよりはずっといいのですが、「ほめ手帳」のポイントはあくまでも「ほめ言葉」。ほめ言葉を脳に与えることなのです。

「今日は早起きして、すばらしいね」

「今日は後輩の仕事ぶりをほめた！　よく気が回るね」

と、出来事を書いたら、**最後に必ずほめ言葉を使うのがポイント**です。

✩人と比べない

「○○さんよりうまくできた、すごい」と人と比べて自分をほめるのは、「ほめ手帳」の目的とは違います。

逆に、「私と比べて何でもうまくいっている○○さんはうらやましい」といったような人をうらやむ言葉も、ほめ言葉ではないのでＮＧ。

自分のよさを見つけてほめるのが「ほめ手帳」です。人と比べてほめることはしないようにしましょう。

一方、過去の自分と比べて成長した点をほめるのはとてもいいことです。

仕事上でできるようになったこと、内面的な変化、容姿の変化、発想の変化など、自分に起こったプラスの変化はどんどんほめましょう。

✩マイナス面を無理にプラスに書こうとしない

よく「こういう失敗をしたのですが、失敗はどうほめればいいのでしょうか」と聞かれることがあります。

その答えは簡単。失敗事例は無理にほめなくてもよいのです。そのままにしておきましょう。

たとえば「寝坊して遅刻してしまった」というとき、どうしてもほめたいのであれば、プラス面だけに目を向けてほめる方法ならOKです。この場合でいうと、

「寝坊して遅刻してしまったけど、すぐに気持ちを切り替えて仕事に向かった私、えらい！」

「寝坊して遅刻してしまったけど、昼から仕事に集中できた。やるね！」

といったような書き方ならいいでしょう。これに対して、「遅刻しても大丈夫！」とか「遅刻してもいいんだよ」といったように、マイナスをマイナスととらえずにほめるのは違います。

マイナスが事実としてあるにしても、気持ちを切り替えたり、その後の処理がうまくいったというような、**プラスの面に目を向ける**ようにしましょう。

✩うまくいかなかったときでもプラスの言葉を多く書く

うまくいかなかったことが最終的にうまくいったときは、うれしくて「ほめ手帳」に書

きたくなりますね。

でもここでも注意してほしいのは、うまくいかなかったことの説明をダラダラと長く書かないこと。

「こんなに大変なことがあって、嫌な思いをして、もうダメかと思ったけど（マイナスの状況説明が続く）…………でもうまくいった。がんばったね！」

これではいくら最後にほめ言葉でシメても、プラスの言葉に比べてマイナスの言葉の比重が大きすぎます。

マイナスの言葉が多いと、いくらほめてもマイナスのほうが強くイメージづけされてしまいます。すると脳は変わっていかないですし、「ほめ回路」もできにくくなります。

もしもマイナスの状況があってほめたいときは、状況説明は手短にします。こういうときこそ、ほめ言葉をたくさん書きましょう。

「こんな嫌なことがあったけど、私は上手に切り替えた。エライ、成長しているね。すごいよ、すばらしいね」

つまり、**マイナスの言葉よりもプラスの言葉の比重を大きくする**ように意識することが大切なのです。

ほめ手帳の主語はあくまでも「自分」

「ほめ手帳」を書き慣れてきた人に見られるのが、主語を「あなたは」「おまえは」のように第三者にいうように書いているケースです。たとえば、

「今日も仕事をがんばったあなたはえらい」

「毎日通勤ラッシュのなか会社に行くおまえはたいしたものだ」

というのはNG。

「私」「僕」「俺」などの一人称で書くか、「〇〇（自分の名前）、よくやっているよ」といったように、**自分に語りかけるように書きましょう**。

なりたい自分になる！ 目的別「ほめ手帳」の書き方

「自分をほめる」習慣を身につけることで、ダイエットや仕事の成功、人間関係の改善など、人生にうれしい変化が起きた人はたくさんいます。そのような方々の事例を交えなが

ら、ここからは具体的に目的別の「ほめ手帳」の書き方を紹介していきましょう。

☆資格をとる、試験に合格する

ＩＴ関連の会社に転職したばかりの篠田武生さん（31歳）は、会社から「ＩＴパスポート」の国家試験を受けるようにいわれました。

それまでＩＴとはまったく関係のない職種だったこともあり、試験は難しく感じていました。試験に3回落ちたときに、不安を消して自分のメンタルを強くするため「ほめ日記」をはじめました。

試験までの1カ月は、仕事の休憩時間や電車のなかで手帳にメモ書きし、夜は、それを「ほめ日記」に書き写し、10の「ほめポイント」を全部、毎日書きました。

「効果バツグンで、非常に落ち着いて試験に集中できたし、点数がポーンと上がったので驚きました。もちろん試験はパスしました」と篠田さん。現在は「情報セキュリティ管理士試験」を目指し、勉強中です。

「今日は個人情報保護法について学んだ。どんどん頭に入っていくたけちゃんの記憶力はスゴイ！　絶対合格するからね」

「受験に対して前よりも落ち着いていられるようになった。たけちゃん、グレードアップしてるよ。絶対合格するから安心してね」

など、自分をほめるだけでなく、励ましや勇気づけの言葉も書いています。

子どもの頃から、人の目を気にしすぎ、ちょっとしたことで落ち込んでしまう性格だった篠田さんでしたが、3～4カ月の間に人の評価がほとんど気にならなくなり、精神的にもとても安定したということです。

「ほめ手帳」の実践により、記憶力、集中力がアップするだけでなく、自信がつき、本番に強いメンタルをつくることができます。頭で考えすぎずにジャンジャンほめましょう。

心がけること

- 「試験に落ちたらどうしよう」という不安が出てきたときに、不安を大きく膨らませないようにすることが大事です。
- 気持ちの切り替えを意識的におこないましょう。「ほめ手帳」はそのためにも有効です。

はじめに手帳に書いておくこと

- 取りたい資格、試験を書いておきます。

例：○月△日の□□試験に合格する。

●勉強の具体的なスケジュールを書きます。

例：一日○時間は勉強の時間に当てる。

●「必ず受かるよ」という励ましや勇気づけの言葉を書き、ときどき読んで（できれば音読がよい）確認しましょう。

例：大丈夫、僕は目標達成のために努力できる人間だよ。安心して勉強しよう。そのために「ほめ手帳」を実践している。できる、大丈夫、やり抜こう。

手帳を書くときの注意点

●試験勉強に関することだけに偏らないようにします。

●10の「ほめポイント」にも目を向け、ほめるようにします。

●勉強に関してほめるときは、できるだけ具体的なことを書き出して、ほめたあとに励ましの言葉も書きます。

例：今日はテキストの○ページから△ページまで勉強した、よくやった。集中力も増してきたね、この調子でやろう。大丈夫、私ならできる！

●勉強が予定通り進まなかったとしても、「できなかった」「さぼっちゃった」とは書かずに、たとえ少しでもできたことがあったら、そのことをほめるようにします。

●マイナス言葉は書かないこと。

悪い例：落ちたらどうしよう。心配だ。試験になると上がっちゃう。ちっとも勉強が進まない。こんなことじゃダメだ。

●マイナスの感情が湧いてきたら、「ほめ手帳」に書いたことを繰り返し読んで、気持ちを落ちつけます。音読すると効果がさらに上がります。

☆ダイエットを成功させる

亜紀さん（37歳）は、16歳から34歳まで、ダイエットをしてはリバウンド、というパターンの繰り返しで、18年間大体いつも80キロ前後だったといいます。

そのため亜紀さんは「ダイエット」という言葉に拒絶的な気持ちが強くなり、「私にはダイエットはできない」と思い込むようになりました。

体重が増え続けた原因は、子どもの頃にありました。母親から「バカ！　ヘンな子！」などと、否定的な言葉をいわれ続けていたために、つらく悲しい気持ちをお菓子を食べることで埋めるという習慣がついてしまったのです。

亜紀さんが「ほめ日記」をはじめたのはダイエット目的ではなく、せめて内面だけでも変えたいと思ったからでした。いつもつきまとう不安感や人間関係のつまずきによる心の痛み、将来に希望が持てないなど、否定的な気持ちをなんとかしたいと思っていました。

亜紀さんの発想は正解でした。

ダイエットがうまくいかない人は、ネガティブな内面のケアを先にしてからやり直すと、成功率が高くなります。

その点、「ほめ手帳」は自分で自分の心をケアするツールでもあるので、ポジティブな心を手に入れながら、同時に無理のないダイエットにも取り組むことができます。

亜紀さんは「ほめ手帳」と「ほめ日記」を併用して、毎日自分をほめ続けました。だんだん気持ちがラクになってくるので、モチベーションを下げることなく続けていくうちに、不安感は薄らぎ、少しずつ自信がついてきました。気がついたら体重が3キロ減っていました。

いつの間にか毎日食べないではいられなかった甘い物を食べなくなり、菓子パン中心の食事から、ごはん中心に変わったのです。「この調子でいくとダイエットもあせらずにやれるかもしれない」と、それからダイエットにも期待を持つようになりました。

食事は、野菜を多くとるようにして、ご飯は腹8分目でやめること。ムリのない範囲でストレッチ、ウォーキング、縄跳びを生活に取り入れること。夜はしっかり「ほめ日記」を書くこと。特別のことはしていないともいえます。

これで亜紀さんは2年後にはなんと20キロの減量に成功しました。その後の1年間も少しずつ減り続け、現在は念願の50キロ台。心も体も、「なりたい自分」を実現させました。

それほど気にはならないけど、もう少し脂肪を落としたいと思う人にも、「ほめ手帳」はとても有効です。

麻美さん（43歳）は夕食だけ炭水化物をとらないで、その分、野菜を増やしました。

「『ほめ手帳』を書いていると、自己コントロール力がつくのか、特に我慢をすることもなく続けられて、3カ月で5キロ減って、スッキリしました」と話す麻美さん、あごが細くなり、お肌もつやつやして若返った感じでした。

ほとんど毎晩夫と飲んでいたビールも、無理にやめようとしたわけではないのに、「自然にほしくなくなった」ことも想定外のいいことでした。

心がけること

- 自分の体（容姿）への嫌悪感をなくすこと。自分に対してマイナスの感情が出たときは、ムリに抑え込まずに「いいのよ〜、これからよ〜、これからきれいになるから大丈夫よ〜」と、やさしくいい聞かせるようにしましょう。人と比べないことも大事です。「私は私の美しさをつくる」という気持ちでいましょう。
- 日常的なストレスの解消を心がけ、食べるものも我慢しすぎないことが大事です。ストレスで神経バランスを崩すと、食欲のコントロールが難しくなります。また、血流が悪くなり脂肪が燃焼しにくくなります。
- はじめからハードルを高くしないで、ほめることを増やし、「ほめ回路」を強化しましょう。
- 体重やサイズの増減は気になるのが当然ですが、とらわれすぎるとストレスになります。総合的に人間力を上げていくという気持ちで取り組みましょう。

以上のことは「ほめ手帳」＋「ほめ日記」の実践で実現が可能なことばかりですので、安心してあせらずにやってください。

はじめに手帳に書いておくこと

●大まかな目標を書いておきます（現実を見ながら数字を変えてOK。とらわれすぎるとストレスになります）。

例：○月までに、△キロくらい減量する。

●実践する内容を具体的に書いていきます。

例：朝食をダイエット食品に替える。昼食、夕食は今まで通り。週に2回ウォーキング。夜は必ず「ほめ手帳」を見ながら「ほめ日記」を書く。

●「こういう私になりたい」という自分像を書きます。

例：自分を好きになる。前向きで明るい心と、軽くてスッキリした体で、毎日幸せに過ごす。

●自分に対する肯定の言葉や励ましを書いておき、ときどき読んで（できれば音読がよい）確認しましょう。

例：必ず、好きな私になるよ。大丈夫。「ほめ手帳」を書いているから、コントロールがうまくいくよ。楽しくやろうね。

手帳を書くときの注意点

- 自分が決めたダイエットプログラムを実行できたらほめます。体重やサイズが落ちたらほめます。
- 心のプラス面をほめます。少しでもポジティブな気持ちや明るい感情があったら、見逃さないでほめましょう。
  例：今日は友達とカラオケに行って歌を唄ったら心がスッキリしたね。歌もうまいよ！
- 10の「ほめポイント」にも目を向け、ほめるようにします。
- ほめ言葉のあとに、励ましの言葉も書きます。
  例：決めたことを実行している私、やる気あるね。実行力があるから必ず成功するよ。我慢しないでやれてるって、スゴイよね。
- 「つい食べちゃった」という日があっても大丈夫。「意志が弱い」「食べちゃった」とは書かずに、心のプラス面を探してほめるようにします。
- マイナス言葉は書かないこと。文字に書くと、とらわれが大きくなります。
  悪い例：「今日もイライラした」「あせってる」
- マイナスの感情が湧いてきたら、「ほめ手帳」「ほめ日記」に書いたことを繰り返し読んで、気持ちを落ちつけます。音読すると効果がさらに上がります。

☆うつ症状や不眠の改善

うつ症状や不眠の改善に「ほめ」は非常に有効です。自己否定感が強くなり、ネガティブな感情が大きくなる〝心の症状〟があるときは、心身を気持ちよくするホルモンが毎日分泌されるように、「ほめ手帳」＋「ほめ日記」に時間をかけましょう。

東日本大震災の被災地に在住の崎田りえ子さん（28才）は、震災より半年ほど前、仕事先のパワーハラスメントと過労が原因で自律神経のバランスを崩し、「職業結合型うつ病」と診断されました。抗うつ剤と睡眠剤を手放せない引きこもり生活をしていたときに大震災に襲われ、絶望感と不安のなかでもがく毎日でした。震災から1年が経った２０１２年に、ようやく薬の服用をやめることができて、リハビリのためにアルバイトをはじめました。

しかし、自分への肯定感がゼロで生きている感覚がなく、毎日つらくて涙が出て止まらないという状態が続いていました。「どうしたらいいんだろう」とホームページをいろいろ検索しているうちに「ほめ日記」を見つけました。

自分を好きになりたいと、一生懸命書き続けると、少しずつ明るいものが心のなかに生まれてきました。次第に自分を信じる気持ちややりたいことが、心のなかから出てくるようになり――。

それから2年半。「ほめ日記」は46冊になりました。

「最近は、どこへ出かけるにも『ほめ手帳』を持ち歩いています。暗闇のなかで毎日泣いていた私ですが、今では夢の実現がもう目の前に来ています。自分のなかから力が湧き出てくるし、幸運も巡ってきて、すてきな出会いもあり、感動の毎日を過ごしています」

心がけること

- 自分をほめることへの抵抗感や違和感があっても、「ほめ言葉を脳に届ける」という気持ちで書き続けましょう。本心から自分をほめられなくても気にしないことです。
- 「ほめることが何もない」と思う日は、「今日一日よく生きた、えらかった」と、生きたことや内臓の働きなどをほめるようにしましょう。
- 自分に対してマイナスの感情が出てきたら、「だんだんよくなるよ～」と、できるだけやさしく肯定的な声かけをします。

●いつまでに改善する、とキッチリした目標を立てず、完璧を目指さないで、どんな小さなことでもほめる習慣が身につくまでほめる努力をします。身についた頃にはだいたい改善の兆候が見えていると思います。

手帳を書くときの注意点

●ムリに過去のプラスの出来事を思い出そうとしないこと。「ほめポイント」に「過去に努力したことをほめる」という項目がありますが、うつ症状のある方は、この部分を省きましょう。自然に思い出されたことについて、ほめるのはいいことですが、ムリに過去のプラスを思い出そうとすると、逆にネガティブな内容が出てくる場合があります。
また、日頃から過去のトラブルを引きずっている場合は、なおのこと過去を振り返らず、今現在のプラス面やほめポイントに目を向けましょう。

子育て、夫婦関係がうまくいく

結婚して出産するまで、挫折というものを知らなかった文香さん（31歳）は、出産後生まれてはじめて「私は何もできない人間だ」と自己否定的な気持ちに陥り、子育てがつらいものになってしまいました。

毎日、わからないことだらけ。何もかもが自分の思い通りにいかない。人を頼って「できない人」と思われたくもない。夫にも「子育てがつらい妻」の顔を見せないようしていました。

夜は眠れず、心も体も疲れ切って「もうダメだ、私には子育てはできない、結婚なんかしなければよかった」と、子どもを置いて出て行きたい気持ちにかられていたときに、ラジオから「『ほめ日記』で子育てがラクになった」という話が聞こえてきました。

文香さんはそれから育児日記のはじに、毎日「自分ほめ」を書きはじめました。2〜3週間もすると、追い詰めていた気持ちが次第にラクになり、ゆとりが出てきて、「はじめての体験で何もできなくて当然よね。よく1人でがんばってココまで来たね」と、自分の子育てを認めることができたのです。

それまで義務感で書いていた育児日記を書くことが楽しくなり、子どもの成長をうれしく思う気持ちがはじめて湧いてきました。そのとき、子どもは5カ月になっていました。

「毎日自分をほめていると、『十分できているよ、それでいいんだよ』とどこからか声が聞こえてくるような感覚になって、心地よい自分を取り戻すことができました。夫に打ち明けて手伝ってもらうこともできるようになりました。

一時は、この子が病気になって死ねばいいと思ったこともありました。私、育児ノイローゼだったんですよね。夫に対しても私の大変さをわかってくれないと、憎しみの感情が湧いていました」と、笑顔で話す文香さん。

今は2歳半になった子どもさんの子育てを、夫と一緒に楽しんでいます。

心がけること

● はじめに「母親が子どもを育てて当たり前、みんなもやっていることだ、そんなことをほめるのはおかしい」という考えは脇に置いて、「自分が子どものためにしていること」を、1つひとつほめ言葉をつけながら書き出してみましょう。もしも、あなたが「私はほかの人みたいにやっていない」と思っていたとしても、「ほかの人」のことも脇に置きます。

● 自分が毎日我が子のためにしていること——授乳、ごはんを食べさせる、洗濯、着せ替え、トイレの世話、お風呂、保育園の送り迎え……まだまだ山のようにありますね。それらを書き出して、それが「ほめるポイント」なのだということを覚えてください。

手帳を書くときの注意点

●毎日の「ほめ手帳」に書くことは、育児、家事のことだけに偏らないようにして、できるだけ10の「ほめポイント」にも目を向けて、ほめることを探します。子育て中はどうしても視野が狭くなりがちで、社会から取り残されるような孤独感に陥ることもあると思います。しかし、10の「ほめポイント」に目を向けることで、広い視野で自分のプラス面を見る習慣がつき、自己イメージも上がっていきます。それに伴って、自信が持てず、つらかった子育てがラクになり、同時に夫やまわりの人との関係性もよりよくなっていきます。

●今日は一日中イライラしていて怒ったり手を上げたりして、ほめるポイントがない、と思える日でも「でも○○と、△△はやれたね」と肯定し、「ほめ手帳をつけているし、だんだん感情のコントロールもうまくいくよ」などと、やさしくいい聞かせるようにします。

●自分を責めていると、同じことを繰り返してしまいますので、注意しましょう。責める気持ちが出てきたら、「大丈夫、私はだんだんうまくできるようになる」と、何度でもいい聞かせましょう。

☆職場の人間関係の改善

人間関係で悩んでいる人が陥りやすいことは、「あの人さえいなければ」と思う人や、そこまではなくても苦手だと思っている人に、気持ちを向けすぎることです。

「今日もアイツの顔をみるの、嫌だなぁ」「またあの人に何かいわれるかもしれない」など、嫌なら嫌なだけ、無意識のうちに相手に焦点を当てて、その人について思いを巡らせている場合があります。

実はそのことが、苦手意識をさらに大きくさせてしまうのです。苦手な人に気持ちを向けない練習をしながら、自分の考えや意見を上手に表現できるようにすることが、関係改善の近道です。そのために「ほめ手帳」は効果的です。

おとなしい性格の松田雄二さん（34歳）は、上司からときどき押し付けられる「自分の仕事以外の仕事」も引き受けていました。そのため本来の業務が滞りがちになり、残業時間も増える一方で、身体的にも精神的にもストレスがたまり、ついにある日、激しい頭痛に襲われて朝起きられなくなってしまいました。病院に行くと「1カ月の休養が必要」という診断書が出ました。

上司の顔が目に浮かび、体がこわばるのを感じた松田さんは、自分が思っている以上に本音ではやりたくない仕事を〝いい顔をして〟引き受けることが大きなストレスになっていたと気づきました。

自分勝手な上司への怒りと、「ＮＯ」といえない自分の不甲斐なさを責める気持ちが日に日に強くなり、こんな気持ちではもう会社に戻れないかもしれないという不安も湧いて、1週間ほど、やり場のない気持ちを抱えていました。

その後、私のセッションを受け、「ほめ手帳」＋「ほめ日記」をはじめた松田さんは、怒りも〝自分責め〟の気持ちも落ち着き、2週間後には「これを続けていけば、会社に出られる」と思えるまでになりました。

休養中の1カ月間、自分の気持ちと〝肯定的に〟向き合い、体には感謝を伝えながら毎日「ほめ」を書き続けた松田さんは、仕事に戻ったあとも「ほめ手帳」を続け、「自分の軸がだいぶしっかりしてきたので、自分の気持ちを確認しながら、ＮＯはＮＯ、ＹＥＳはＹＥＳといえるようになりました。上司との関係が改善しただけでなく、ほかの人とのコミュニケーションに対しても、苦手意識がうすらぎ、気がラクになりました」と目力も強くなっていました。

心がけること

- 「ほめ」を書くとき、職場や仕事に関することだけでなく、必ず趣味や私生活面に目を向けて書くようにします。
- 苦手な人が頭に浮かんだら、すぐに気持ちを別なことにそらせます。「今夜は何を食べようか」など、まったく関係のないことを考えるようにします。習慣になると、ラクにできるようになります。うまくできたら、「ほめ手帳」に「切り替えがうまくなった。さすがだ」などと書き込みましょう。
- 特定の苦手な人はいないけれど、人とのコミュニケーションが苦手だという人も、「ほめ手帳」を書くときは、コミュニケーションと関係のないことに目を向けて、ほめます。
- 他者とのコミュニケーションが苦手な人は、自分がどう思われるかを気にしすぎて、無意識に人に対して構えてしまう面がありますから、「人を意識する前に自分を意識する」習慣をつけましょう。「自分は今、どう感じているか」を大切にします。

手帳を書くときの注意点

- 10の「ほめポイント」について、まんべんなくほめること。

●特に「発想や気づき、思っていること」「感性や感覚、感じていること」に目を向けて当り前と思うことも意識的にほめるようにします。

例：自分を感じるために、できるだけ自然に目を向けようと思った。いい思いつきだよね。

例：自分に対して愛しいと感じたことはなかったけど、今日はふと「私っていいじゃない」という気持ちになった。いいね〜、この感覚。

☆仕事力をアップさせる

のぞみさん（26歳）は、「美容師になって、ステキな男性と巡り合い、一緒に美容院を経営したい」という夢があったので、美容学校で学び、大きな美容院に就職しました。

店で働くようになって、大きな壁にぶつかりました。技術が優れているだけでは仕事が務まらないということ。お客さんとの会話に思いのほか疲れてしまうことに気がつき、「やっていけるのか」という不安が湧くようになりました。

店長のアドバイスもあり、「ほめ手帳」をつけるようになると、「お客さんからよく思われたい」「次も指名してもらいたい」とあまり思わなくなり、自然体でムリのない会話ができるようになりました。その後、いつの間にか指名も増えて、もちろん歩合も増えて、気がつけば貯金の額も増えていました。

のぞみさんはこう話します。

「わかったことは、肩に力を入れすぎていたということ。そして〝このお客さんから好かれよう〟という気持ちが強すぎ、それがお客さんにはうっとうしかったんですね。私も疲れたし……。いい勉強になりました」

坂井悟さん（39歳）は、海外勤務から帰国したあと、うつ病の診断の受け、1年の休職を余儀なくされました。復職したあとは、同期の人が上のポジションについていることが気になるし、同じ部署の人たちから疎まれているような気もして、毎朝「行きたくない」という気持ちと闘いながら出社していました。

電車のなかや昼食時に「ほめ手帳」を活用するようになると、「誰が昇進しようと、まわりがどう思っていようと、自分の仕事を誠実にこなし、自分なりにスキルも磨いていこう」と思えるようになりました。次第に集中力も高まり、ミスも減り、仕事のスピードも休職前より速くなるなど、まわりが驚くほどでした。

毎日の営業事務の仕事のほか、新しく立ち上げたプロジェクトの仕事が数カ月続いたときは、再発しないか不安もよぎりましたが、結果は体調を崩すこともなく、高い評価を受けました。その年の年末は、前年の「C評価」から「A評価」に一気に上がって、ボーナスは予想を越える増額でした。

「どんなピンチのときでも愚直に楽しみながら乗り越えると、いつか自分によいものが返ってくるということがわかってきました。その原動力はもちろん『ほめ手帳』&『ほめ日記』です。この頃は周囲から『10歳くらい若返ったみたい』といわれているんですよ」と、坂田さんはスカッとした表情で話します。「若返り」も「ほめ手帳効果」ですね。

心がけること

●仕事に対するネガティブな気持ち（嫌だ、向いていない、面白くないなど）が出てきたら、とりあえず脇に置いて、「やれるところまでやってみよう」とポジティブな意思に切り替えます。「ほめ手帳」の実践で「切り替え力」はついてきます。

●成果が出たか出ないかにこだわりすぎず、目標に向かって努力していることを毎日ほめます（具体的に努力した内容を、「今日は○○をやった」と、毎日同じことでもいいので、ほめるようにします）。

●小さな仕事でも、できていることをほめます。

●予定通りできなかった仕事について、「できなかった」などの否定的な言葉を使わず、できたことに目を向けて認めてから、「やり残した仕事は明日集中して片づけよう」と、前向きな思い方に切り替えます。

●ミスをしたときは、適切な処置をとったあと、ミスをしないために今後やるべきことをイメージし、クヨクヨといつまでも自己否定をせずに、気持ちを切り替えます。

はじめに手帳に書いておくこと

●仕事上の目標と、仕事への〝向き合い方〟の目標を書いておきます。

手帳を書くときの注意点

●毎日ほめること（当り前と思うことにも、ほめ言葉を使うようにします）。

・仕事面に関してほめる。

・私生活の面で、行動や内面的なことをほめる。

・自分の体の働きをほめる。

●週末に時間をかけてほめること（「ほめ日記」を併用するのがよい）。

・努力したことをほめる（成果が出ていない場合も、目標に向けて努力していることを具体的に書き出してほめます）。
・仕事以外のこと――内面、感覚、感性などに目を向けてほめる。
・自分の変化を感じられることがあったらほめる。
●１カ月に１回程度、チェックしてほめること。
・努力したことをほめる（成果が出ていなくても、プロセスをほめる）。
・成果をほめる（小さなことでもほめます）。
・集中力、決断力、発想力など、脳の力についてほめる。
・１カ月間のプラスの変化、自己発見、内的な気づきなどをほめる。
●その他、10の「ほめポイント」のうち、ほめ忘れているものを探してほめる。

☆自己実現、夢を叶える

山田容子さん（40代）は、現在、起業家として好きな仕事をタフにこなしている輝く女性です。もちろん、バッグのなかには「ほめ手帳」が入っていて、ちょっとした空き時間に「ほめ」を書き込みます。帰宅して休む前には「ほめ日記」に書き写し、自分の体に感謝を伝えるのが日課になっています。

山田さんが「ほめ日記」をはじめたのは10年前。子育てに悩み、自分の価値を見失っていたときでした。

「よい母になって、よい子に育てないといけない」という強迫観念と、うまくいかないことへの〝自分責め〟が、常に胸のなかで渦巻いていました。いつもイライラや腹立たしさ、憎しみなど、ネガティブな感情でいっぱいでした。家族に感情をぶつけてしまうこともあり、精神的な葛藤を続けるうちに、うつ症状にも悩まされることになります。

そんなときに友人がすすめてくれたのが「ほめ日記」でした。2～3カ月続けると、不安感は残っているものの、心の安定した日が続き、数年ぶりにやる気が出てきたのです。

自分を活かす仕事を何かしたいという意欲が目覚め、半年後には自宅で学習塾を開くまでになりました。

「私がここまで成長できたなんて奇跡的だ」と大きな喜びがある一方で〝自分を悪く思うクセ〟が残っているため、チラシの配布などは、人目を気にしながら、オドオドと後ろめたい気持ちでおこなっていました。

その間も「ほめ手帳」と「ほめ日記」は書き続け、自己尊重感が高まるにつれ、さらに新しいことへのチャレンジ精神が頭をもたげてきます。

山田さんは夜間の塾を続けながら、昼間は「企業研修会社」に入社して、講師として仕事をするようになりました。必要な勉強や資格を次々に取得しながら、社内ではまたたく間に〝人気〟講師になっていきました。

「あんなにオドオドしていた私が、大勢の人の前に立って堂々と話をする仕事をしているなんて！」

と、自分に感動することもしばしばで、喜びや幸せという感覚をしっかり取り戻し、山田さんは、次なるチャレンジに向かいます。

山田さん自身が救われた「〝自分ほめ〟を含む自尊感向上プログラム」を広げる仕事をしたい、と以前から望んでいましたが、勤務する会社では実現が不可能でした。

自分が広めたい研修をするには自分の会社を持つことだと思い、「いつか実現させる」と心のなかで温めていた構想を、いよいよ形にするときが来ました。

「ほめ日記」をはじめてちょうど10年目の２０１５年1月、株式会社を設立。企業研修と併せて自尊感プログラムの研修など、やりたかったことへの道は大きく開きました。

「『ほめ手帳』と『ほめ日記』でほめ言葉を書き続け、しみじみと言葉の威力を感じます。肯定的な言葉やほめ言葉を書き、口にすると、本当に細胞がいきいきとする感じが体感できるまでになりました。私という人間が持つ能力が、全体的、総合的にアップしていく実感は本当にうれしく、幸せのひと言です。自分に対する信頼や自尊の気持ちがますます大きくなり、私が思い描く夢の実現に何の迷いも不安もありません」

山田さんの内面からほとばしる熱い思いは、きっと周囲の人たちだけでなく、多くの人たちを幸せのエネルギーで包んでいくことと思います。

心がけること

●自分が希望する〝方向〟を、漠然としたものであっても文字に書いて、意識化すること。

例：ライブハウスを経営しながら、自分も音楽を楽しむ。
　世界中を回って多くの国の人と話をする。

●たとえ、今何もできていなかったとしても、「私は必ず希望を実現させる」と思い続けること。そして具体的な努力目標を立てること。

例：会社を○歳でやめて、△△する。
　子どもが中学に入ったら□□を勉強して◎◎の資格を取る。

●自分を疑う言葉を口グセのように出さないこと。頭のなかでも考えないこと。考えそうになったら切り替えるようにします（徐々にできるようになります）。

悪い例：こんなことやってて、ホントに実現するのかな。

自分にはムリじゃないかな。学歴がないし、年齢もいっているし……。

- メンタルを強くすることを必ず目標の１つに入れます。
- グチや悪口など、自分のエネルギーを落とすような言葉を使わないようにします。
- 人生を好転させたい、希望することを実現させたいと強く願いながら、ネガティブな感情に振り回されていると、その分、後退してしまいますから気をつけましょう。

はじめに手帳に書いておくこと

- 実現させたいことを書いておきます（できるか、できないかを頭で考えて答えを出すのではなく、心のなかにある〝想い〟を書きます）。
- 今の時点で、具体的に何をしたいのかわからない場合は、「自分のやりたいことを見つける」ことを目標にすること。

手帳を書くときの注意点

- 「ほめ手帳」は毎日書くことを習慣にします。落ち込んだり、イライラしたり、ネガティブな思考にとらわれるときほど、何かほめることを探して書きます。そうすることで、自己コントロール力もつき、切り替える力もついてきます。

●自信がなくなったとき、不安な気持ちになったとき、人に悪くいわれたとき、体調を崩したとき、気力が出ないときなど、〝ほめ〟と遠い気持ちのときほど、ほめることを探してほめましょう。

●「今日は○○だからほめられない」「△△だから書けない」といわないことを、心に決めておくと書く習慣が早くつきます。

●以上のことを心にとめて、10の「ほめポイント」について、まんべんなくほめるようにして、自分力、人間力をアップさせます。

●1カ月に1回程度、心の変化、体の変化を丁寧にチェックしてほめます。わずかな変化も見逃さずにほめていると、モチベーションが上がり、チャレンジする勇気も湧いてきます。自分への信頼感や自己イメージも上がります。

●自分をほめながら、希望につながる階段を上っていきましょう。明るく楽しいイメージを持ちながら努力をしていると、気がついたら「そのとき」が来ていた、ということになるでしょう。

Column

「ほめ手帳」＋「ほめ日記」で効果倍増！

自分で自分をほめる習慣を毎日続ければ、必ず効果があります。

今回は、ほめる習慣をつけやすいように、忙しい人でもすぐできるように「ほめ手帳」の提案をしてきましたが、私がもともとセミナーでワークとして取り入れていたのが、第1章のコラムで詳しく説明した「ほめ日記」です。

「ほめ日記」のいいところは、じっくり自分を観察して、ほめ言葉をたくさん書けることです。

もちろん「ほめ日記」も、毎日1ページびっしり書かなくてはいけない、といったルールはありません。気楽に続けていただきたいですね。

「ほめ日記」も「ほめ手帳」も、それぞれのよさはありますが、もしも「ほめ手帳」の効果をより早く、さらにアップさせたいなら、「ほめ手帳」上級編として、「ほめ日記」と併用する方法がいいでしょう。

手帳に書く場合は、スペースの都合で1～2行しか書けない場合もあります。

もう少し書きたいと思ったら、「ほめ日記」に書くのもいいでしょう。併用の仕方をいくつか提案します。

- 「ほめ手帳」には毎日ひと言ずつほめ言葉を書き、長く書きたいときは「ほめ日記」を使う。
- 仕事が忙しい平日は「ほめ手帳」に書き、週末まとまった時間がとれるときに「ほめ手帳」を振り返りつつ、「ほめ日記」に書く。
- ほめることを思いついたときに、パッとふせんにメモして「ほめ手帳」に貼っておき、帰宅してから「ほめ日記」に書き写す。

大切なのは、ほめる習慣をつけること。自分が一番やりやすい方法で、長く続けられるやり方を選択してくださいね。

第４章

言葉からはじめる「引き寄せの法則」
「ほめ習慣」で幸運体質に変わり出す！

☑ほめ言葉で「自分」という「人生の土台」を育てる

自分の人生の主人公（主体）は〝自分〟です。

この当たり前のことを、私たちは時に忘れて、自分の外側にあるものに目を奪われ、心を奪われ、富や栄光を手に入れるために、多くの時間とエネルギーを使っています。

もちろん、人生にとって、外側に存在するものも大事ですし、さまざまなかかわりのなかで出会っていく人々とのつきあいも大事です。

しかし、**〝自分とのつきあい〟を忘れて自分をないがしろにして、自分のなかにある「可能性を開くための基本のトレーニング」を投げ出していては、本末転倒です。**

たとえば、大きなビルを建てようとするとき、当然基礎からつくりますね。基礎工事の手を抜いて建てたビルはどうなるでしょうか。

家を建てるにしても、土台が肝心です。建てたいと思う家の大きさに見合った土台があって、はじめて上に立つ建物をしっかりと建築できます。

同じように、自分の可能性を開き、自分が望む人生を実現させようと思ったら、その主人公である自分の「人生の基礎部分」をよりよいものにすることが先決です。

人生というビルを建てるのに、その基礎部分を無視したり、いいかげんな扱いをして「納得のいかない自分」のまま、高いビルを建てようとしても限界があることは、自明の理ではないでしょうか。

満足のいく仕事、よりよい人との出会い、幸せな人生を、誰もが望んでいることだと思いますが、それを外へ求める前に、自分という〝土台〟を可能な限り深く掘り起こして開発し、少々のことで揺れることのない、強くしなやかなものにしておく――。

つまり、自分を尊重する意識を高めながら、ほかの必要な能力をレベルアップさせておくことが肝心です。そうすることで、土台の上に乗る建物（人生）が、はじめて安定感のある豊かで幸せなものになるのです。

そのためのメソッドが「ほめ手帳」です。

なぜ、このようなシンプルなメソッドで、それが可能になるのか――ということですね。

脳がほめ言葉に反応し喜ぶことは、すでに書きました。脳は心と体の司令塔ですから、

脳が快感を得ることで、内分泌系、自律神経系、免疫系の働きがよくなり、心身のバランスをよくします。

気持ちは安定し、幸福感を感じやすくなり、やる気が起きてきます。体は疲れにくくなり、治癒力も上がります。ストレスにも強くなります。

さらに、手書きで「ほめ手帳」を書くことで前頭前野の血流がよくなり活性化します。この前頭前野は現代人が最も多く使う部分で、感情のコントロール、集中力、判断力、ひらめきなどを司っていますから、脳全体の働きがよくなるといっても過言ではないでしょう。

まだあります。自分にほめ言葉を毎日与えることで、**「自分に対する見方」が肯定的になり、自信がつき自己尊重感が高まります。**同時にほかの人に対する見方も多面的になり、ものごとのプラス面を見る思考回路がつくられます。

「ほめ手帳」の継続によって起きるこのような変化は、これだけにとどまらず、命が持っているさまざまな能力をアップさせる導き役になります。

具体的にいうと――もし、自分とほかの人とを常に比較し、ほかの人より劣っていることを思い悩むクセがあるとしたら、心はいつも不安定でストレスを受けやすい状態になりますね。そんなときに仕事上でちょっとしたミスをしたとすると、過度なストレスを受けてうつ症状に陥りかねません。

逆に「ほめ手帳」で自己尊重感を高めていれば、ほかの人のよさを見習うことはあっても、劣等感で思い悩むことはなく、自分のプラス面にもっと磨きをかけようと常に前向きでいられます。ちょっとしたミスがあっても、日頃から脳が活性していますから　臨機応変に必要な手を打ち、ミスの修正をおこない、大ごとにならずにすむ、という結果になるでしょう。

自分に対して常にダメ出しをしている人は、何事にも自信が持てずにいます。コミュニケーション能力や自己表現能力は、生きていく以上、どんな場でも必要な能力ですが、自信がないと自分の気持ちを素直に話せなかったり、人との距離の置き方がわからなかったりして、なかなか人の輪に入れず、孤独感を味わいがちです。緊張する場面も多くなり、ストレスで免疫力を低くしてしまいます

しかし、「ほめ手帳」で自分の気持ちと向き合う練習を日頃からしていると、自然に表現力が生まれ、自信を持って自分の意見を伝え、また相手の意見を尊重して聞くという態度ができてきます。このことによって友人ができ、理解者が増え、喜びの多い毎日を過ご

すことができるようになります。

眠っている能力が目覚めはじめる

「脳」が喜ぶほめ言葉を使い続けることは、自身の予想を超える、さまざまなプラスをもたらします。

とはいっても私たちは「脳」だけで生きているわけではありませんね。心があり、体があり、潜在している能力や意識、眠っている遺伝子、すべてを含めて自分の命ですから、すべてが活性化し、命が持っている優れた力を表面化させることが、人生に大きな変革をもたらすのです。

脳は心と体に指令を出し、心と体を変える力を持っています。しかし、心も脳に影響を与えます。「脳」を喜ばせて、プラスの回路をつくりたいと思うのは「自分の心（意思）」です。「そんなことはしたくない」と、しない選択をするのも、「自分の心（意思）」です。自分の心が自分の脳の一部を変えることができるということです。

体はどうでしょうか。心と体は連動していますから、心が元気で、よいものを志向すれば、体も元気になり、いきいきします。

インフルエンザなどにかかって熱に苦しんでいるときは、心も快活にはならず、イライラしたり落ち込みやすくなります。そうしたネガティブな心と体の状態は、脳に影響を与えます。

脳は潜在意識・能力にも影響を与え、逆に潜在意識・能力も脳に影響を与えます。「ほめ手帳」を書くことで、脳と心身がリラックスすると、脳波が瞑想時に出てくるα《アルファ》波の状態になります。このα波のときに、潜在意識の扉が開き、表面化されやすくなります。同時に表面の意識による自己イメージや希望実現イメージが潜在意識に入りやすくなります。

潜在意識にインプットされたイメージは、時間の経過とともに現象化されます。

１４１ページの図のように、命が先天的に持っている力――脳、心、体、潜在意識・能力が相互に連動し、影響し合って、全体的に自分力、人間力のレベルが上がっていきます。

それだけではありません。**心が穏やかで安定していて心地よく、体も快調であれば、内側にはよりよいエネルギーが満ち、外に自然に放出されます**。そのエネルギーの周波数と合うレベルの人や縁が引き寄せられ、運気が上がり、気がつくと、なりたい自分が実現している、ということになります。望んだことの実現も早くなります。

人生の主体である自分が、命が本来持っている力を発揮し、自分の内側によりよいエネルギーを満たしてなりたい自分になる、それが毎日の「ほめ手帳」の習慣で手に入れられるのです。

自然に「引き寄せ体質」に変わる

自分の内側にいいエネルギーが満ちてくると、自然に外に放射され、そのエネルギーの周波数と合うレベルの人や縁が引き寄せられてくると書きました。

「引き寄せの法則」という言葉は今ではよく知られるようになりました。なかにはすでに「引き寄せ」を実践しているという人もいるかもしれません。

「引き寄せの法則」とは、自分の感情や思考に同調するものが自分に引き寄せられるという宇宙の法則です。簡単な例でいえば、朝、イライラするような電話を受けて、「朝から今日は気分が悪い。何だか嫌なことが起こりそうだ」

「ほめ手帳」で人生が変わるしくみ

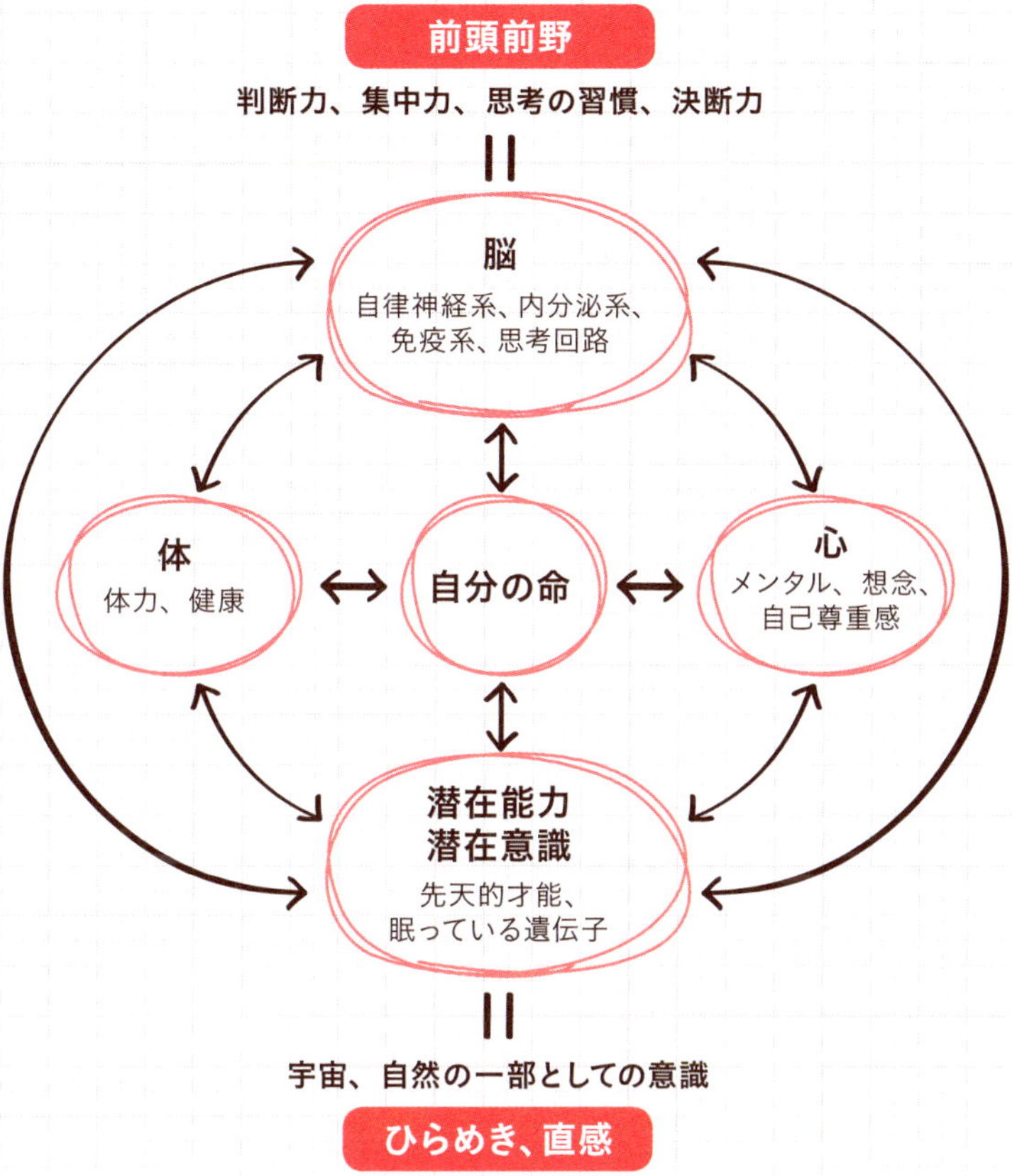

どれか一部の力がアップするのではなく、命が先天的に持っている力が
相互に連動し、影響し合い、全体的に能力が上がっていく

と思っていると、その日は思った通りに嫌なことや気分が悪いことが起こり、逆にワクワクするような電話を受け、

「今日は気分がいいな。何かいいことがありそう」

と思うと、その通りに一日気分がよく、いいことがあって楽しく過ごせるというようなことです。

つまり、自分がどんな気分や考えでいるかによって、引き寄せられるものが変わってくるのです。

よく勘違いをされる方がいるのですが、「引き寄せ」は、自分がほしいものを願えば、現実に引き寄せられるということとは少し違います。たとえば車がほしいからといって、必死で念じると車が手に入る、といったような単純なものではありません。

自分の今の感情や思考、内側にあるエネルギーに同調したものが引き寄せられるので、「自分はダメだ」「どうせ私なんか……」と自分を責める人や、自己尊重感が低い人、自分を大切にしない人には、そのマイナスのエネルギーに合ったものが引き寄せられます。

逆に、ポジティブ思考の人、自分を大切にし、自分をほめ、自己尊重感が高い人には、そのプラスのエネルギーに同調したものが引き寄せられるのです。

「ほめ手帳」で自分をほめていると、人からほめられるようになったり、ラッキーなこと

が増えるのですが、それはこの理由からです。

「ほめ手帳」が習慣になると、自己尊重感が高まるため、そうしようと思わなくてもエネルギーレベルが上がり、自然にいいことが引き寄せられてきます。

「引き寄せの法則」はスピリチュアルな分野に興味のある人が熱心に実践しているというイメージがあるかもしれません。しかし、宇宙の法則はすべての人に当てはまるものですから、特別なことではないのです。

想像してみてください。

自己尊重感が高く、いきいきとしている人とそうでない人とでは、どちらのまわりにたくさん人が集まると思いますか。

人間は目に見えないものを感じる能力を持っています。パッと明るい前向きなエネルギーを持っている人とくすんだマイナスのエネルギーを放つ人を、敏感に感じ取っています。

スピリチュアルなことを信じる信じないは別にしても、私たちはすでに経験的、感覚的にこの事実を知っています。

「笑う門には福来る」ということわざがありますね。逆に、「泣きっ面に蜂」ということわざもあります。これは、明るいエネルギーのもとには同じような明るいものが引き寄せられ、マイナスのエネルギーのもとには、さらなるマイナスが引き寄せられることをあらわしています。また、「類は友を呼ぶ」や「噂をすれば影」も、それを端的にあらわしていることわざです。

なお、**心の状態だけでなく、疲れているなど、体の状態が悪いときも、体内に汚れたエネルギーがこもりますから、マイナスのエネルギーを引き寄せやすくなります。**疲れたなと感じたら、早めに休息をして自分を大切に扱いましょう。そして「無理せず休んだ自分」をまたほめるのです。

「ほめ手帳」の習慣によって、自分自身がキラキラ輝きます。自分が輝いていれば、引き寄せられるものが輝きの波長に合うものになり、よりよいものと出会えるのです。

苦手な人が自然に離れていく「引きはがしの法則」

「ほめ手帳」をつけていると、不思議なことに「引き寄せ」と反対のことも起こります。

これを**「引きはがしの法則」**と私はいっています。

いつも職場でいじわるをされて悩んでいたHさんの話です。

ひたすら毎日自分をほめ続け、相手のいじわるに意識を向けないようにしていたところ、その相手の人はやがて職場を異動になり、目の前からいなくなってしまいました。

これは単なる偶然でしょうか。

「ほめ手帳」をつけて、自分のエネルギーレベルを上げていくと、このようにマイナスのエネルギーを寄せつけなくなる現象が起こります。

これが「引きはがしの法則」です。

いじわるをする人やその行為にマイナスの感情を持って、常に意識を向け続けていると、自分のなかにマイナスのエネルギーが強くなり、外にも放射され、ますますいじわるをされることになりかねません。

いじわるをする人に、憎しみや怒りの感情を抱き、「どこかにいなくなってしまえばいいのに」と願ったとしたら、そのマイナスのエネルギーがトラブルを引き寄せたり、今度は自分が誰かから同じように思われたりしてしまいます。

嫌な相手と同じレベルの波長で、イライラやくよくよなどしないことが大切です。

このようなときは、意図的にそのいじわるな人のことを思考から外し、ひたすら自分のプラス面に意識を向けて自分をほめ続け、自分の命をプラスのエネルギーで満たしましょう。すると、一定の期間はかかりますが、いじわるな人がどこかへ移動したり、目の前からいなくなるという現象が起きてきます。

これは、嫌な人を目の前から消してしまう、ということではなく、あなたのプラスのエネルギーが高まることで、相手のマイナスのエネルギーと波長が合わなくなる結果の現象です。

「ほめ手帳」で嫌なことは引きはがし、いいものをたくさん引き寄せていきましょう。

「引き寄せの法則」がなかなかうまくいかない理由

お子さんがいる方にお聞きしますが――もしも誰かに「○○ちゃんはおとなしくて本当にいい子ね」とわが子がほめられたとき、あなたはどう答えますか？

多くの人が「いえいえ、家ではケンカばっかりしてうるさいんですよ」といったように、謙遜したつもりで子どもを悪くいっているのではないでしょうか。

実は、子どもはこのセリフでみんな傷ついています。子どもには大人の世界の間違った謙遜は通じません。

欧米でもしこのようなことをいったら、「このお母さん、大丈夫かしら。虐待しているんじゃないかしら？」と疑われてしまうでしょう。そのくらい、親は決して外で子どもを悪くいわないものなのです。

日本語には「愚妻」「愚息」といった言葉もあります。いくら謙遜だとはいえ、妻や息子を人前でけなすなど、欧米では考えられないことです。しかし、私たち日本人は、無意識のうちに悪いことだと思わず、マイナスのイメージの言葉を多く使っていると思います。

「『引き寄せの法則』や、いろいろな自己啓発プログラムを実践しているけれど、なかなか効果が出ない」という声をよく聞きます。

この理由は、実はとてもシンプルなことです。そもそも、自己啓発プログラムのほとんどは、欧米発のものだからです。

では欧米と日本との違いはなんでしょうか。

欧米にはもともと、自己を尊重する土壌があります。多くの人は、小さいときから親にほめられ、愛の言葉を受け、自己尊重感が育っています。そのうえ、「あなたは神から愛されている」と、教えられていますから、「愛されるにふさわしい人間だ」と思っています。

日本では、長い歴史のなかで、自分に厳しくすることが美徳とされてきました。ほめたら自分がダメになる、と思っている人もいるでしょう。

また子育てにおいても、今でこそ「ほめる子育て」などといわれるようになりましたが、子どものありのままを認めず、「ほめたら調子に乗る」とか、「まだまだダメ。もっとがんばりなさい」といった、子どもをほめない文化が深く根づいています。

子どもの欠点ばかりに目がいき、気がつくとダメなところばかり指摘して子どもを叱咤激励しているつもりになっているお母さんはいませんか。

もちろん子どもを貶めようとしている親などいません。愛するからこそよかれと思って〝ダメ出し〟をしているのでしょう。でもその言葉によって、自己尊重感が育ちにくくなっているのは事実です。

こうして自己尊重感を持てないまま大人になった人たちが、「引き寄せの法則」を実践しても、「いいこと」を引き寄せるのは難しいことでしょう。

「引き寄せるイメージ」を実践する前に、まず自分自身をプラスのエネルギーで満たすことが先なのです。

欧米とは、そもそもの土台が違うのです。自己尊重感を持っていることを前提とした自己啓発プログラムを自己否定の強い人が実践しても、結果は出にくいのは自明のこと。

まず第一歩として、家族や子どもに対してはもちろん、自分に対して悪口をいわないことからはじめてみましょう。

セミナーの参加者に聞くと、「親からほめられたことがない」という人のあまりの多さに、驚かされることがあります。そのとき私はこういいます。

「安心してください。みなさんそうですから。自分だけがほめられていないと思うのを、まずやめましょう。みなさんはもうほめられ方が足りなかったと気がついたんですから、自分で自分をほめましょうね」と。

ほめるというと、部下が上司にゴマをするとか、子どもに勉強をさせるためにほめておだてるとか、お世辞や相手をコントロールするために使うイメージを持っている人もいます。そのような思い込みは根強いものなので、なかなか払拭することはできないかもしれません。

けれど、少なくとも自分で自分をほめることはお世辞でもコントロールでもないことに気づいてください。素直に、本当にいいと思ったことをほめればいいのです。

はじめのうち、それも無理なら、ほめることの効果は脳科学的にも実証されているのですから、脳にいい影響を与えるものだと割り切って、まずはただ理屈を考えずにほめてみましょう。

自己尊重感とは、自分を大切にすること

プライド、自尊心という言葉があります。本来は、誇りを持つ、自分を尊ぶというい い言葉です。しかし、「プライドが高い」「自尊心が高い」というと、あまりいい意味で使われないことが多かった言葉です。

ここ20年くらいでやっと、自己尊重感を育てる大切さを、育児本や自己啓発本で見かけるようになり、これらの言葉が市民権を得るようになったと思います。

実は「自尊」という言葉を最初に使ったのは福沢諭吉です。

「独立自尊是修身」――心身の独立を全うし、自らがその身を尊重して、人たるの品位を辱《はずかし》めざるもの、これを独立自尊の人という――福沢諭吉は、明治維新における文明開化推進の最大の功労者として有名ですが、「独立自尊」は彼の精神の柱となっていたようです。

「独立自尊」の精神を持つことが、自らの尊厳となり、自らを修める根拠となること、つまり、どのような人も自らを尊び、勉強をして、自分に自信を持ちなさいということをいっ

ています。独立というのは「自立」という意味に近いでしょう。「自立自尊」というとわかりやすいと思います。

この言葉に出会ったとき、私はとても感銘を受けました。

それまでの日本には「自尊」、自らを尊ぶなどという概念も言葉もなかったですし、なかなか定着もしにくかったでしょう。冒頭でいったように、「あの人はプライドが高い」「自尊心が高い」と、悪口で使う人もいるくらいなのですから。

私は自己尊重感を略して**「自尊感」**といっています。本当の自尊感、自尊心の意味は、自分を尊び大切にすることです。

自分を尊ぶことは、自分の命が喜ぶことなのです。

すべての生命は、肯定されたときに活性化し、キラキラと輝き出し、眠っていた潜在能力を発揮することができます。

自己尊重感を持てず、自分を責めてばかりいると、自分の存在を辱め、否定して、卑下することになります。あるいは、自分の体や気持ちは無視して、他人の目ばかり気にしたり、他人の意見に振り回されていると、「自分」は置き去りになりますね。これも自分を粗末にし、大切にしていないことと同じです。

自分を大切にしなければ、体を壊したり、心が病んでしまうこともあります。これは「もっと私を大切にしてください」と自らの命が訴えているのです。

日本語には「ご自愛ください」というすばらしい言葉があります。自分を大切に、自分を愛してください、ということです。

自分を大切にしている人は、体や心が疲れたとき、「そろそろ休んだほうがいい」というサインを受け取ることができます。

自分の体や心の変化を無視したり、無関心でいると、マイナス思考が渦巻いて、自分がわからなくなり、余計に疲れてしまいます。


よく自己尊重感や自分を大切にするということと、わがままで、自己中心的であることを混同している人がいますが、前者と後者ではまったく違います。

確かに、人を押しのけたり、自分の意見を通して思い通りに人をコントロールしようとする人は自己中心的ですが、自己尊重感のある人は、他人も尊重できます。

自分を愛し、自分を大切にできるから、人のことも大切にできるのです。

自己尊重感がもともと低い人が「自己尊重感を持ちましょう」といわれても、今日や明日にすぐ持てるものではないことも確かです。

ところが、それが身につくのが「ほめ手帳」です。

もちろん人によって時間がかかる人もいますが、これほど簡単で確実に自己尊重感が身につくものはないと私は確信しています。少しずつでも必ず変化が出てくるものなのです。「ほめ手帳」で自己尊重感を高め、自分の命を肯定して生きる習慣をつけることが、自分を活かして幸せに生きる基本です。

「ほめること」は幸せになるためのプログラム

第2章で、「ほめること」の効果が脳科学でも実証されていることを説明しました。

２００８年、「ほめること」と脳とのかかわりを明らかにする研究結果が発表されています。大脳の一部で報酬系を司る線条体《せんじょうたい》は、報酬を受けると反応します。いろいろな報酬がありますが、「食欲」「性欲」が満たされたときと、「ほめられた」ときに、最も大きく反応することが明らかになったのです。

それは**「食」と「性」と同じくらい、「ほめること」の重要性が証明された**ととらえることができます。

脳の報酬系とは、わかりやすくいうと、ごほうびをもらえると反応して喜ぶ部分です。

食事と性が満たされれば脳が喜びます。「ほめること」も同じく、脳は喜ぶということです。

私がこの発表を知ったとき、すべてに合点がいったのはいうまでもありません。私が長年やってきたことに、脳科学からお墨付きをもらったのですから。

怒ってばかりいたら、自分を否定ばかりしていたら、脳はストレスで血流が悪くなります。いきいきしないのです。

「食」と「性」は、人間が生きるために必要なこと、生命の喜びにかかわることです。食べることをやめたら死んでしまいますし、種を保存していかなければ人間は絶えてしまいます。そこに「ほめ」も並んでいるということは、ほめることにも生命が関わっているということ。ほめることで命が活性化するということだと私は受け止めています。

もっといえば、人は、承認されることで生きていけるもの。逆に否定されてしまったら生きる力を失ってしまうでしょう。

食事も満たされて、性も満たされているのに、生きる力を失ってしまう人がいます。それは「ほめ」が不足しているからなのだと思います。「ほめ」がなければ、物質的に満たされていても、自分には価値がない、生きていても仕方がないと命そのものを否定的に思ってしまうことがあるということです。

自分の生命を尊び、受け入れ、承認されてはじめていきいきと生きていけるのが人間なのです。

「ほめる」ことは、人間が幸せに生きていくためのプログラムの１つだということがはっきりと証明されたのです。だから、「ほめ手帳」を書くことで脳が喜び、幸せな循環が生まれてくるのだと私は自信を持っておすすめするのです。

まずは１行、自分をほめることからはじめよう

言葉には力があります。

「ほめ手帳」は、この言葉の力を使って、自分の想念や思考を前向きなものに変えていきます。

想念や思考は、イメージをつくり、そのイメージは実現する力を持っています。

よく「思っていることは実現する」「イメージしているとその通りになる」といわれますが、その思いやイメージの元になるのはやはり「言葉」です。

日本人は昔から言葉の力についてよく知っていました。**古くから「言霊」といわれるように、言葉にはエネルギーが込められていることを知っている**のです。

もしも「言霊」がピンとこない人は、言葉は自分に対する命令だと思えばいいでしょう。言葉の力を使えば、脳のなかで自分を尊重し、肯定する回路ができてきます。回路ができれば、希望の実現に向けて、行動しはじめます。

第3章で、「ほめ手帳」の最初に「なりたい自分像」を書くことを提案しましたが、それも、言葉の力で思い描く自分の実現に少しでも早く近づくためです。

ただし、ここで忘れてはいけないのがその言葉を使う〝自分〟です。自分が自分に否定的な気持ちを向けていては、どんなにいいイメージや思考をしても、実現は難しいでしょう。

長い間、自分にネガティブな言葉を与えてきた人でも、ポジティブな言葉を自分に与え続けることによって、思考や想念が前向きなものに変わってきます。豊かなほめ言葉をたくさん自分に与えることによって、自己イメージも豊かになります。

自分に対してプラスの言葉を使うことは、最初のうちは違和感があるかもしれません。でも「ほめ手帳」でほめ言葉を使うことが習慣になってくれば、少しずつ変わり、抵抗感も薄れていきます。

プラスの言葉を使うのに慣れてくると、人が発するマイナスの言葉に敏感に反応したり、自分がマイナスの言葉を発したときに嫌な気持ちになったりします。

マイナスの言葉をいわない、プラスの言葉を自分に浴びせる、これだけでも十分人生は変わるでしょう。

言葉が人生を変えます。実現していい言葉だけを使いましょう。

「ほめ手帳」は、ある意味、心を安定させるといわれている座禅や瞑想よりもハードルが低く、やっていて楽しいツールです。しかも、かなりの速さでその効果が目に見えてあらわれます。

早い人では3日で子どもを怒らなくなり、1週間で悩んでいた人間関係のトラブルが消え、1カ月でうつ症状が消えた——昨日と今日、1カ月前と今では人生ががらりと変わってしまったという例は枚挙にいとまがありません。

とても不思議だと思いませんか。周囲の状況が変わったわけでも、自分の環境が変わったわけでもないのに、幸せを感じ、人生までも変わってしまうのです。

手帳とペンさえあれば、今日からはじめられます。試しに手帳に1行書くことからはじめてみませんか。

カバーイラスト　山田タクヒロ
カバー・本文デザイン　伊地知明子
本文ＤＴＰ　センターメディア
編集協力　樋口由夏

著者紹介

手塚千砂子〈てづか ちさこ〉

一般社団法人自己尊重プラクティス協会代表理事、心のレッスンルーム「心のジム・テヅカ」主宰。自己尊重感、自己肯定感を育てるためのトレーナーとして、各地の自治体や団体、サークルなどで、セミナー、講演などを行う。何千回ものワークショップと長年の研究を経て、効率的に自己尊重感を育てるためのプログラムを開発。全国の受講者から「救われました！」と支持を受けている。
『「ほめ日記」をつけると幸せになる！』『「ほめ日記」で仕事がどんどんうまくいく！』(KADOKAWA/メディアファクトリー)など、著書多数。

たった1行《ぎょう》
書《か》くだけで毎日《まいにち》がうまくいく！「ほめ手《て》帳《ちょう》」

2015年11月20日　第1刷

著　者　手《て》塚《づか》千《ち》砂《さ》子《こ》

発行者　小澤源太郎

責任編集　株式会社 プライム涌光
電話　編集部　03(3203)2850

発行所　株式会社 青春出版社
東京都新宿区若松町12番1号〒162-0056
振替番号　00190-7-98602
電話　営業部　03(3207)1916

印刷　大日本印刷　　製本　大口製本

万一、落丁、乱丁がありました節は、お取りかえします。
ISBN978-4-413-11149-2 C0095